世界500强企业员工的核心准则
企业培养优秀员工最佳读本

这样的员工最优秀

职场中人如何获取老板的慧眼

王铁梅 编著

OUTSTANDING WORK

中国三峡出版社

图书在版编目(CIP)数据

这样的员工最优秀/ 王铁梅编著. ——北京：中国三峡出版社，2011.8

ISBN 978-7-80223-740-7

Ⅰ. ①这… Ⅱ. ①王… Ⅲ. ①企业-职工-修养 Ⅳ. ①F272.92

中国版本图书馆 CIP 数据核字(2011)第 131113 号

中国三峡出版社出版发行

(北京市西城区西廊下胡同 51 号 100034)

电话：(010)66112758 66116828

http://www.zgsxcbs.cn

E-mail:sanxiaz@sina.com

北京市德龙公防防伪印刷厂印刷 新华书店经销

2011 年 10 月第 1 版 2011 年 10 月第 1 次印刷

开本：787 毫米×1092 毫米 1/16 印张：13.5

字数：200 千

ISBN 978-7-80223-740-7 定价：25.80 元

前 言

企业是员工展现才华、发展自己的平台，员工则是企业的支撑者和创造者，所以，企业和员工之间是相互依存、相互制约的关系。

一个成功企业最核心的东西不是企业的规模，也不是企业在市场上的竞争力，而是企业内部员工所具备的敬业精神和对待工作的态度。每一个企业都渴望拥有优秀的员工，每一位老板都青睐优秀的员工，每一个员工都希望成为优秀的员工，因为优秀员工是企业最大的财富，是老板最欣赏的人才，是员工们最佩服的楷模，也是员工个人成功的标志。

对于一个员工来说，尽管学历、资历、责任心和业绩都非常重要，但仅仅拥有这些还远远不够，你必须尽快、尽力、尽早地发现和挖掘自己身上的优势，把自己塑造成一个不可替代的优秀员工。

聪明的人会像信仰上帝一样信仰自己的职业，像热爱生命一样热爱自己的工作。既然只有工作才能带给我们一切，为什么不尽力呢？做为员工，一定要为公司创造财富，而且要把为公司创造财富当做神圣的天职，当成自己不可推卸的光荣使命！只有对自己的职业和工作赋予了神圣感和使命感的人，才称得上是“公司精英”。

西方有句谚语说，工作中的傻子永远比睡在床上的聪明人强。除了尽心尽力履行自己的工作职责以外，最重要的是要多参与一些其他领域的工作，这会让你拥有更多的舞台，从而充分发挥自己的才华。你要多做一些岗位职责之外的工作，不断地锻炼自己、充实自己，这样做一方面可能使你因此找到自己更具竞争力的地方，另一方面也会引起老板对你的注意。

还是比尔·盖茨说得好：“这个世界不会在乎你的自尊，而是期望你先做出成绩，再去强调自己的感受。”所以，过程比动机重要，结果比过程更重要，企业需要的结果就是你必须成为不可替代的员工。

优秀并不神奇，任何人都可以通过改进工作方法、提升职业素养而成为优秀员工；优秀也不稀奇，优秀员工大有人在，优秀的典范也数不胜数。如果你愿意，只要你向优秀员工学习，像他们那样去工作，你也可以跻身于优秀员工的行列。

或许在过去的岁月里，你很消极，常常谩骂、批评、抱怨、四处发牢骚，对自己的工作没有丝毫激情，在生活的无奈和无尽的抱怨中平凡地生活着。不论您过去对工作的态度究竟如何，那都已经成为了过去。重要的是，从现在起，从你读完本书起，希望你能从普通员工变成企业最受欢迎的优秀员工，笑傲职场。

目 录

第三章 在服从中完美执行

第四章 不找借口,勇于承担责任

第五章　团结的团队战无不胜

第六章　做会省钱的员工

第七章　做公司最受欢迎的员工

第八章 工作细节决定成败

第九章 在工作中不断提升自我价值

第十章 永远把客户放在第一位

第一章
在忠诚中展现自己的最大价值

忠诚是员工的立身之本，任何一名员工都要做好忠诚的准备。一个缺乏忠诚的人，不仅会丧失掉发展的机会，并且还会丧失立足社会的生存资本。作为企业的一名员工，你既然选择了这个企业，就要有与它同呼吸、共命运的准备，做到忠诚于企业，踏实工作，坚守职责，全心全意，尽职尽责。只要你紧紧跟随一个内质优良的企业而行，那么它一定会给你的生命增添无比绚丽的色彩。因为你不仅是在为老板而工作，不仅是为那点微薄的薪水而工作，你是在为自己工作，为自己的前程而工作。只有洒下比别人多得多的汗水，你才能成为最优秀的员工。

忠诚是员工的立身之本

有人说，智慧和经验是金子，而比金子更珍贵的则是忠诚。从古到今，没有谁不需要忠诚。皇帝需要他的臣民忠诚，领导需要他的下属忠诚，丈夫需要妻子的忠诚，妻子也需要丈夫的忠诚。在职场中，人们更是把忠诚当做衡量员工品质的首要标准。

因为忠诚是一个人的安身立命之本，无论是对国家、家人、朋友，还是对企业，一个人都需要具有忠诚之心。只有忠诚的人，才能够赢得他人的信任，受到他人的尊敬，也只有这样才能够在社会上立足。如果一个人丧失了忠诚，那么这个人就丧失了做人的尊严和存活下去的资本。

一位成功学家说："如果你是忠诚的，你就会成功。"作为一名员工，忠诚是你的立身之本。忠诚的人容易获得别人的信任和支持，也值得别人对他委以重任。因此，忠诚的人更容易获得成功的机会。

在网上看到这样一个故事。

克里丹·斯特是美国一家电子公司很出名的工程师，但他所在的这家公司只是一个小公司，时刻面临着规模较大的比利孚电子公司的竞争压力，处境非常艰难。

一天，比利孚电子公司的技术部经理邀请克里丹共进晚餐。饭桌上，这位经理对克里丹承诺：只要克里丹把他所在公司最新产品的数据资料给他一份，就会得到很好的回报。

克里丹愤怒地说："虽然我们公司效益不好，处境艰难，但我绝不会出卖自己的良心，去做这种见不得人的事。"

这位经理见克里丹这种反应，不仅没生气，反而拍了拍克里丹的肩膀，说："好，别生气，这事当我没说过。来，干杯。"

不久，克里丹所在的公司因经营不善而破产，他也失业了。可是没过几天，他竟意外接到比利孚公司总裁的电话，说是让他去一趟比利孚电子公司。

克里丹疑惑地来到比利孚公司，出乎意料的是，比利孚公司的总裁热情地接待了他，并且还拿出一张非常正规的大红聘书，聘请克里丹做比利孚公司技术部经理。

原来，比利孚公司的技术部经理退休了，临走时向总裁特别推荐了克里丹。后来，克里丹凭着自己的技术和管理水平，成为了一名一流的职业经理人。

一个士兵如果死于忠诚，是光荣而伟大的；如果出卖忠诚而活着，反倒是一种耻辱。同样，在企业里，靠出卖企业而获取个人私利，也是耻辱的。所以身为职员，不能为了个人私利而出卖公司，这是职场成功者的忠告。

在任何时候都不要背叛企业，如果你觉得这个企业不适合你，你可以选择离职，但请不要将企业的商业秘密泄露给其他人，因为一次背叛就会被扣上不忠诚的帽子。所以，为了企业，更为了自己，你别无选择，只能选择忠诚。而当你选择了忠诚，才能成为优秀的员工。

职场箴言

忠诚是员工的立身之本，任何一名员工都要做好忠诚的准备。一个缺乏忠诚的人，不仅会丧失掉发展的机会，而且还会丧失立足社会的生存资本。当然，忠诚不是让你从一而终，而是让你做任何事都能对得起自己的良心。

忠诚是迈向成功的通行证

对于大多数人而言，金钱是相当重要的，然而比金钱、钻石还要贵重的则是一个人的人品。坚守自己的人品，就是在维护自己最为宝贵的品牌，而忠诚就是这块品牌上最闪亮的明珠。

在一项对世界著名企业家的调查中，当问到"您认为员工最应该具备的品质是什么"时，他们无一例外地选择了"忠诚"二字。所以职场中人要想迈向成功，就得拥有"忠诚"这个通行证。

那么，什么是忠诚呢？忠诚，就是尽心尽力、忠于人、勤于事的奉献情操，它是一种发自内心，饱含着付出、负责甚至是牺牲的精神。它在本质上是一种负责的职业精神，而不仅仅是指对某个公司或某位老板的忠诚。

无独有偶，美国海军陆战队的士兵手册中是这样解释"忠诚"的：

"忠诚不谈条件，忠诚不讲回报。忠诚是一种义务，忠诚是一种责任，忠诚是一种操守，忠诚是人生最重要的品质。海军陆战队首先不会给你什么，但你要给海军陆战队绝对的忠诚，如果你给了海军陆战队绝对的忠诚，海军陆战队就会给你终生的荣誉！"

毫无疑问，正是这种绝对忠诚的信念，缔造了无往不胜的海军陆战队。在这个世界上，有能力的人比比皆是，但那种既有能力又忠诚的人，才是每一个老板梦寐以求的人才。古往今来，没有任何一个上司会喜欢一个有异心的下属，如果你缺乏忠诚，即使再优秀，也不可能成为公司的核心力量。因为一个精明干练的员工一旦生有异心，可能对老板和公司利益的损害就越大，所以老板乐意提拔的是那些具有忠诚品质的员工，对于朝三暮四的员工则会毫不留情地将其"打入冷宫"。

因此，你投入的忠诚越多，收获的信任度也将越高。要成为企业和老板信任的员工，你就必须尽量追求卓越和完美。无论做什么工作，都要静下心来、脚踏实地地去做。忠诚就是真诚地去支持公司，任何情况下都不要将自己与公司对立起来。

不过，大多数人往往会这样认为：忠诚老实的人总是软弱无能和处处吃亏，而那些见异思迁、见风使舵之辈则风光无限，占尽先机。事实上，这种看法是片面的。因为人们往往只看到了事物的表面现象，却没有认识到事物的本质。

江宁是一家公司的软件工程师，由于某种原因他离开了工作五年的公司，准备去一家实力更加雄厚的公司继续从事软件开发工作。由于新公司和原公司的业务相关，新公司经理要求他透露一些原公司他主持开发过的项目情况，但是江宁拒绝了这个要求。他的理由很简单："尽管我离开了原公司，另觅发展，但是我没有权利去出卖它，不管什么时候都是如此。"

第一次面试就这样不欢而散。但使他没有想到的是，正当他准备重新找工作的时候，却收到了直接录用的通知书，上面清楚地写着：你已经被录用了。因为你的能力和才干，还有我们最需要的忠诚。

所以，一个秉承忠诚的员工能给他人以信赖感，让别人乐于接纳，在赢得别人信任的同时，更为自己的职业生涯带来莫大的益处。与此相反，一个人失去了忠诚，也就意味着失去了一切——失去朋友、失去客户、失去工作，最后，世界上通往成功的所有道路都会永远对他关闭。

在如今的职场上，如果没有忠诚的员工，任何一家公司都难以在市场上取胜。对员工来说，企业与员工的命运是息息相关、密切相连的，他必须忠诚于他的公司，因为这是公司能够得以健康发展和运营的基本保证。而公司的稳定和发展也需要一批忠诚的员工，我们每一个员工都要力争做对公司忠心耿耿的人。

忠诚是迈向成功的通行证，所以千万不要小视忠诚。没有忠诚，一个人就会寸步难行。如果缺乏对别人的忠诚，就别指望得到别人对你的忠诚。当一个人抛弃忠诚时，连同一起失去的还有一个人的尊严、信誉及前程。

职场箴言

一个企业从最初的创立到壮大再到辉煌，一个员工从胜任到优秀再到卓越，都离不开一种可以称之为灵魂的东西——忠诚。所以忠诚是每一个员工必须具备的职业精神，也是你迈向成功的通行证。

做最忠诚的员工

在很多人眼里，“忠诚于自己的公司和工作”被认为是“愚忠”，因为他们认为公司不是自己的，没必要那么忠诚，傻瓜才对别人的公司忠诚呢。那么，忠诚于公司的人，真的就那么“傻”吗？

鲍威尔到某配件制造公司时，公司还很小，只有二十几个人，老板叫杰瑞，是一个只比鲍威尔大几岁的年轻人。

就在鲍威尔进入公司不久，公司接到一笔订单，为某计算机公司加工60万只硬盘。这对当时的公司来说，已经是一个超级订单了，所以公司全力以赴，把全部资金和相关资源也都投入了进去。然而，由于技术不过关，公司所生产的硬盘出现了严重的质量缺陷，60万只硬盘被全部退货。这对于这家小公司来说，打击实在太沉重了。公司连水电费都无力支付了，眼看就要关门了。

杰瑞召开了全体员工大会，向员工直说了公司目前所面临的困难，并希望员工与他共同应对这暂时的困难。但很多员工都递交了辞职报告，不等杰瑞批准就收拾东西走人了，其中很多人还是平日里经常向他表忠心的人。

杰瑞以为整个公司就只剩下自己一个人了，但当他走出办公室时，却发现还有一个人在安静地工作着，这个人就是鲍威尔，他平日里并不怎么接近杰瑞，也从来没说过自己是多么忠诚的人。杰瑞非常感动，他走到鲍威尔面前说："你为什么还没有离开呢？"

鲍威尔笑了笑说："我根本就没有打算离开这里。"

"你不打算离开公司？"杰瑞显得非常惊讶，"难道你还认为我们这家公司有希望吗？"

"是的，我认为我们公司还是大有希望的，你是公司的老板，你在公司就在。我是公司的员工，公司在我就该留下来"鲍威尔说。

杰瑞很感动："有你这样的员工，我没有道理不振作起来！可是，你知道，我事实上已经破产了，你愿意和我一起吃苦吗？"

"老板，我愿意和你一起吃苦。当初公司发展好的时候，我来到了这里，如今公司有困难了，我就离开，我不想这样做。只要你没有宣布公司关门，我就有义务留下来。如果你乐意接受我这个朋友，我可以不要一分钱的工资。"

鲍威尔就这样留了下来，还把自己积攒的五万多美元全部借给了杰瑞。而老板杰瑞为了偿还银行债务，则卖掉了仅有的一个加工车间和所有设备，卖掉了汽车。

接下来的日子里，杰瑞和鲍威尔开始给一些软件公司寄销软件。因为是寄销，他们几乎不需要投入什么资金。不久，公司就又有了转机，两个人在忍受了近半年挤公车、吃盒饭的日子后，公司开始盈利了。

过了一年的时间，公司迎来了快速的发展期，迅速成为一家中型软件企业，资产也由原来的负数变成了数千万美元。

后来，杰瑞聘请鲍威尔做公司的总裁，并且把公司50%的股权给了鲍威尔。

当企业遇到危机时，每个员工都面临着抉择，是与企业同舟共济，还是尽快另谋高就。很多人为了争得一点蝇头小利，实际上却失去了本来可以属于他们的大好前程。只有与老板同舟共济，才能够得到老板最大的奖赏，鲍威尔用他的忠诚得到了丰厚的回报。所以当公司遇到困难时，也不完全是坏事，这正是展现我们忠诚的大好机会。因为公司并不缺少有才华的人，而是缺乏那些能够与公司共命运的人。

无论为哪一家公司服务，忠诚都是我们的一大准则。要想发展自己，就应该将个人命运与公司的发展密切相连，恪守职业道德、忠诚事业，无私奉献自己的聪明才智和辛勤汗水，自我价值才能最大程度地得以发挥。如果你渴望成功，那么就要做最忠诚的员工，与公司和老板共存，时刻为公司利益着想，总有一天老板会给你理想的回报。

职场箴言

在那些成功的人身上，忠诚是最基本的素养之一，有了对企业的忠诚，再加上自己的努力，他们才取得了令人瞩目的成就。如果你渴望成功，就要做最忠诚的员工，不要因为眼前的一点蝇头小利，而毁了自己的大好前程。

与老板同呼吸、共命运

有人这样问，一滴水放在哪里才能使它不干涸呢？智者的回答是放到大海里，与大海共命运。一个人怎样才能不落伍呢？应该跻身在一个先进的团队里。在市场经济时代，除非你有特殊才华，或者你有雄厚的资本，才可以选择自由发挥，否则还是明智地选择一个团队、一个公司比较好。

与老板同呼吸、共命运，奋发图强，共同奋斗，努力完成公司既定目标，同时也将为个人获取一份稳定的收入。所以，公司就如同一艘驶向成功码头的大船，而员工就是船长（老板）的助手，只有大家协调一致，做好自己分内的工作，才能使这艘船安全平稳地驶向目的地。

老板和员工同在一条船上，有着共同的目标，也有着共同的利益，公司这条大船如果翻了，对谁都不利。在大船的行驶过程中会遇到狂风、暴雨，甚至触礁的危险，这就要求老板和员工团结一致，同生死、共命运。

但很多人却把老板当成生死对头，认为老板是在利用自己为公司赚钱。自己付出了那么多，而受益最大的却是老板，心中一股怨气，从此和老板站在对立面，表面上服从，内心却不服。其实，老板和我们肯定不是对立的。每个老板心里都清楚，公司若要更好地生存和发展下去，就必须依靠所有的员工兢兢业业地工作。所以，老板不会跟我们过不去，跟我们过不去就是跟他自己的利益过不去，除非我们在老板眼里毫无价值。

当我们进入一家公司后，就应该与老板同呼吸、共发展，因为我们与公司有着共同的目标和共同的利益。当与老板发生摩擦和矛盾时，我们应该少抱怨，学会换位思考，多理解公司和老板。想公司之所想，急公司之所急，就会让自己更成功。所以，一个优秀员工应该对公司高度地忠诚，公司的事就是自己的事，只有尽心尽力，踏实工作，我们才能成为公司一名合格的员工。

公司就是我们的船，无论是老板还是员工，他们的命运是紧密地联系在一起的，只有与公司共患难，才可能与公司共同成长。

本福尔德号是美国海军一艘价值10亿美元的导弹驱逐舰，装备着最现代化的导弹系统，它的雷达甚至可以精确追踪到80千米外一个海鸟大小的目标，而它的时速也达到了惊人的55千米/小时。虽然这是世界上一流的军舰，但船上的水兵士气消沉，很多人都想赶紧退役回家。

但两年以后，全体官兵上下一心，整个团队士气高昂，本福尔德号变成了美国海军的一艘王牌驱逐舰。本福尔德号为什么会发生翻天覆地的变化呢？这要归功于船长迈克尔·阿伯拉肖夫。

自打阿伯拉肖夫当上舰长后，他就意识到要想改变目前这种状况，就必须改进自己的管理水平。他最常用的口号就是：这是你的船！结果在短短的二十几个月里，阿伯拉肖夫为美国海军造就了一支充满自信、同舟共济，而且极富责任心的团队。

阿伯拉肖夫对士兵们说："这是你的船，所以你要对它负责，你要让它变成最好的，你要与这艘船共命运，你要与这艘船上的所有人共命运。所有属于你的事，你都要自己来决定，你必须对自己的行为负责！"

从那以后，"这是你的船！"就成了本福尔德号的口号，所有水兵都认为管理好本福尔德号就是自己的职责所在。在这种主人翁精神的感召下，船上所有成员把本福尔德号打造成了最好的船。

对于员工来说，公司就是你的船，一荣俱荣，一损俱损。一个员工只有把公司当成一条与自己命运息息相关的船，与老板同呼吸、共命运，才能提升自己的能力，成为最优秀的员工。

职场箴言

作为企业的一名员工，你既然选择了这个企业，就要有与它同呼吸、共命运的准备，做到忠诚于企业，踏实工作，坚守职责，全心全意，尽职尽责。只要你紧紧跟随一个内质优良的企业而行，那么它一定会给你的生命增添无比绚丽的色彩。

一盎司忠诚相当于一磅智慧

有这样一种说法"一盎司忠诚相当于一磅智慧"，意思是说忠诚比智慧更加珍贵。对员工而言，缺乏忠诚度的员工会频繁跳槽，而直接受损害的将是企业。但是如果进一步分析，除了企业受到伤害之外，这种行为对员工的伤害可能更深。因为无论是从个人资源的积累,还是所养成的“这山望着那山高”的习惯,都会使员工价值有所降低。

我们并不否认老板和员工之间的雇佣关系,但是忠诚可以改变这种关系,使员工成为老板最信得过的优秀助手。作为一名员工,你如果选择为老板做事,为公司做事,其实就是老板的助手。老板的事业成功了,这里肯定有你的辛劳、汗水和智慧;即使老板的事业因为种种原因失败了,也绝不会归咎于助手的忠诚。

在商业社会,经济的因素很重要,对个人来说,金钱固然是重要的,但是更为重要的是一个人的优秀品格。如果说智慧和勤奋像金子一样珍贵的话,那么还有一种东西更为珍贵,那就是忠诚。忠诚公司,从某种意义上讲,就是忠诚自己的事业,就是以不同的方式为一种事业做出贡献。

著名的企业家、太平洋建筑集团董事局主席严介和在一次电视采访中,被主持人问及提拔下属的标准时,他毫不犹豫地选择了代表忠诚的关羽。比尔·盖茨也曾发出过类似的感叹:“这个社会不缺乏有能力、有智慧的人,缺的是既有能力又忠诚的人。相比而言,员工的忠诚对于一个企业来说更重要,因为智慧和能力并不代表一个人的品质,对企业来说,忠诚比智慧更有价值。”

李俊杰是一家网络公司的技术总监。由于公司改变发展方向,他决定换一份工作。以他的资历和在业界的影响,找份工作那是轻而易举。

以前就有多家企业试图挖墙脚,但都没成功。这一次是李俊杰自己想离开,对他们来说,这是一个绝佳的机会。他们抛出了许多令人心动的条件,可是在优厚条件的背后总是隐藏着一些东西。李俊杰认为不能因为优厚的条件而背弃自己的原则,于是他拒绝了多家公司的邀请。

最终,李俊杰决定到一家大型企业去应聘技术总监,这是一家在全美乃至世界都很有影响力的企业。对李俊杰进行面试的人提出了一个让他很失望的要求:希望李俊杰能将之前公司的一些财务应用软件资料,透露给正在应聘的这家企业。

李俊杰说:“对不起,我有义务忠诚于我的企业,任何时候我都必须这么做。即使我已经离开,也不会因为要获得一份工作而出卖我的忠诚。”说完便离开了。

不料过了几天,李俊杰收到了来自这家公司的一封信,信上写着:“你被录用了,不仅仅因为你的专业能力,还有你的忠诚。”

其实,这家公司在选择人才的时候,一直很看重忠诚度。他们相信,一个能对原来公司忠诚的人,也可以对自己的公司忠诚。因而,他们选择了对前公司忠诚的李俊杰。所以那些忠诚的人相当于拥有了一张立足于世的王牌,他们凭借这张王牌,便可收获比别人更多的东西。

但在当今社会,忠诚已经变得越来越稀缺了。许多公司花费了大量资源对员工进行培训,然而当他们积累了一定的工作经验后,往往一走了之,有些甚至不辞而别。那些留在公司的员工则整天抱怨公司和老板无法提供良好的工作环境,将所有责任全部归咎于老板。其实,在大多数情况下,跳槽并非公司和老板的责任,更多的在于员工对于自身目标以及现状缺乏正确的认识。他们过高估计了自身的实力,以及对那些向他们频频挥手的公司抱有过高的期望。

世界知名的微软公司,老员工的比例已经超过百分之九十,他们用忠诚和努力造就了微软今天的霸主地位,自己也从中得到了更加丰厚的回报。在这个人才竞争日趋激烈的社会里,忠诚已经成为每个人安身立命之本,成为求生存、谋发展的重要能力和首要条件。

作为企业的员工,不管你是否优秀,如果你渴望成功,渴望被委以重任,获得梦寐以求的广阔舞台,就应抛开自己的外骛之心,投入自己的忠诚。当你把身心彻底融入公司,尽职尽责,处处为公司着想,理解老板的苦衷,那么,你就会成为一个值得信赖的人,一个可以被委以重任的人。相反,如果你以善于投机取巧为荣耀,推诿、偷懒应付工作,即使独立创业,精明能干,也难以获得老板的青睐。切记,忠诚往往比智慧更加重要。

职场箴言

智慧和勤奋可以促使我们把工作做得完美出色，而忠诚却能使我们保持恒久的热情和发自内心的快乐。我们需要智慧和勤奋，但更需要忠诚，因为忠诚能给我们带来更加坚定的信念。

像钉子一样钉在自己的岗位上

优秀的员工往往都有着强烈的岗位意识，任何时候都会坚守自己的岗位，像钉子一样钉在岗位上，任何时候都不会有丝毫的放松。

麦金莱总统曾在一次演讲中说："比其他事情更重要的是，你们需要尽职尽责地把一件事情做得完美，与其他有能力做这件事的人相比，如果你能做得最好，那么，你永远不会失业。"所以我们对自己的本职工作千万不能马马虎虎、敷衍了事。要想成为最优秀的员工，做好本职工作是最起码的要求。

曾看到过这样一个故事。

在一个风雪交加的夜晚，汤姆将军正急匆匆地往家里赶，当他经过那个每天路过的公园时，突然被一个人拦住了，"对不起，打扰了先生，您是一位军人吗？"这个人看起来特别的焦急。汤姆不知道发生了什么事情，回答道："当然是军人，不知道我能够为您做些什么呢？"

"是这样的，刚才我经过公园的时候，看到一个孩子站在那里一直哭，我问他为什么不回家。那孩子说，他是士兵，是在那里站岗，如果没有得到上级的命令他就不能离开这里。谁知道和他一起玩的那些孩子都跑到哪里去了，大概都回家了。天这么黑，雪这么大。我说，你回家吧。他说不，他必须得到命令，站岗是他的责任。我只好请先生帮忙了。”

汤姆随这个人一起来到公园，在公园里一个非常不显眼的地方，有一个小男孩儿站在那里哭，但却一动不动。汤姆走过去敬了一个军礼，然后说：“下士先生，我是中士汤姆，你为什么站在这里？”

“报告中士先生，我在站岗。”小孩儿停止了哭泣，回答说。

“天这么黑，雪这么大，为什么不回家？”汤姆问。

“报告中士先生，这是我的责任，我不能离开这里，因为我还没有得到命令。”小孩儿回答。

汤姆的心为之一震，“那好，我是中士，我命令你回家，立刻。”

“是，中士先生。”

小孩儿很高兴地向汤姆敬了一个不太标准的军礼，撒腿跑了。后来，小男孩成为了赫赫有名的军队领袖——布莱德雷将军。

优秀的员工就应该像这位小男孩一样，无论遇到什么样的困难，都不会轻易离开自己的岗位。他们认为工作就是责任，无论做什么，都应该做到最好。反之，在工作中如果一个员工不重视自己的工作，那他也绝对不可能把工作做好。

耳熟能详的唐骏能时刻理解老板的思路，一旦指令下达，他就会全力以赴投入到执行层面。他在留学时搞了一个小发明，但当他向国内一些企业推销自己的发明时，却被认为“这东西一点儿技术含量都没有”。然而，唐骏对此并没有放弃，经过不懈地努力和寻找，他终于找到了一家日本厂商。这个厂家看了他的发明后很感兴趣，于是，人们今天在街上也见到了一种叫“大头贴”的机器。

后来，一直研究数字信号处理的唐骏又做了一个跟“大头贴”相近，但技术含量要高很多的东西——卡拉 OK 中的“计分器”。正是唐骏这个“卡拉 OK 计分器”的发明，使他引起了微软总部的注意。微软的邀请让唐骏产生了一种“先到大公司学点本事”的想法，然而唐骏最终发现，打工其实也是可以致富的。只要在大公司里全力做好自己的本职工作，同样可以实现自己的梦想和愿望，同样可以致富，甚至比自己开公司还要轻松得多。所以，他最终放弃了一直以来都想自己创业的念头。

就这样，唐骏在微软从一个不起眼的小技术员开始做起，用他的勤奋和全力以赴的工作精神做到了微软(中国)技术中心总经理，后来又被提升为微软(中国)总裁。2004 年 2 月，他从微软(中国)以“微软(中国)终身荣誉总裁”的名誉退休加盟盛大。当盛大成长为一个成熟的国际化的大公司时，他又以 10 亿元身价转会新华都，成为众人关注的 10 亿元天价的“中国第一打工皇帝”。

可见，当一个人对自己的工作充满激情的时候，他便会全身心地投入到自己的工作之中。这时候，他的自发性、创造性、专注精神等等便会在工作的过程中表现出来。无论在什么岗位工作，他都会认为自己所从事的工作是最神圣、最崇高的一项职业。无论工作的困难是多么大，或是质量要求多么高，他都会始终一丝不苟，不急不躁地去完成。

但现实生活当中，越来越多的人喜欢随波逐流，在自己工作岗位上不追求完美，更不注重工作的效率，总是把个人利益摆在首位，患得患失，将团队精神抛之脑后，更不愿意多做哪怕是一点点工作。因为失去了积极的心态，认识不到自己工作的重要性，每天除了懒散地应付别人要他做的事情，也不想在工作中学习任何东西。结果是浪费了时间，耗费了精力，而没有取得任何进步。

英国哲学家约翰·密尔说：“不管是最伟大的道德家，还是最普通的老百姓，都要遵循这一准则，无论世事如何变化，也要坚持这一信念。它就是，在充分考虑到自己的能力和外部条件的前提下，进行各种尝试，找到最适合自己做的工作，然后集中精力、全力以赴地做下去。”所以，在工作中要干一行、爱一行、钻一行、精一行。只有这样，才能把本职工作做好，才能成为最优秀的员工。

职场箴言

员工都要像钉子一样钉在自己的岗位上，只有做好自己的本职工作，才能算得上称职。试想，一个连自己本职工作都做不好的人，怎么能胜任重大的工作呢？如果每个员工都能做到忠于企业、恪尽职守、视公司的前途为己任，这无疑是公司发展壮大的前奏，也是员工走向自己职业生涯成功彼岸的起点。

忠诚是赢得老板信任的关键

一位美国专家通过对几十名成功人士的研究发现，在决定事业成功的诸多因素中，一个人的知识水平、能力的大小占了20%，技能占了40%，态度也仅到40%，而100%的忠诚是你获得成功的唯一途径，是自我价值得以创造和实现的保证，它使你成为企业真正需要的人。

忠诚已经成为现代企业中普遍采用的基本用人标准，每一个企业都需要忠诚的员工。对于一个企业而言，员工必须忠诚于企业的领导者，这是保证整个企业能够正常运行、健康发展的重要因素，因为只有员工对企业、对领导忠诚了，才会养成职业责任感和职业道德。

老板都喜欢忠诚的员工，忠诚是你在组织中获取位置的基本保障。作为公司的一份子，给予公司忠诚，肯定会引起老板的注意，一旦有工作需要，老板就会对你委以重任。对于一位员工来说，被老板赋予任务，本身就是一个发展的好机会，是赢得老板信任，得到老板重用的表现。所以，如果你是忠诚的，就会成功。这已经成为了不争的事实。

一个公司老板聘用了一个年轻人做自己的司机，年轻人只领取属于自己的那一份酬金。而可贵的是，这个年轻人并不满足于此，还经常为老板寄发一些信件，处理一些手头上的问题。这样一来，他对公司的一些业务也了解了很多。渐渐地，如果老板有事情脱不开身时，就让他代为处理。他还在晚饭后回到办公室继续工作，不计报酬地干一些并非自己分内的工作。

有一天，公司负责行政工作的经理因故辞职，老板自然而然地想到了他。在没有得到这个职位之前已经身在其位了，这正是他获得这个职位最重要的原因。当下班的铃声响起之后,他依然坚守在自己的岗位上,在没有任何报酬承诺的情况下,刻苦工作,最终使自己有资格接受了这个职位。

有人认为忠诚就是要做出无私的奉献,这种对自己根本就没有任何好处的事情,自然不会乐意去做。其实,能够踏踏实实做事,在心中有忠诚奉献的意识,并能付诸行动的人,即使他本身才智平庸,也会在不断地磨炼中取得进步,当他能力达到一定程度的时候,也必将得到老板的赏识。这个事例中的年轻人无疑是最好的证明。

托马斯·杰克逊曾说:“敢于行动且忠于职守的人,一定能够成功。”作为一名员工,在工作岗位上做到了对别人忠诚,别人才会接近你、承认你、容纳你、信任你,想要赢得老板的信任,得到重用,更离不开忠诚。

有这样一句话曾经非常流行:“第一:老婆永远是对的,第二:如果老婆做错了,请参看第一条。”这句话很快就被职场中人套用了:“第一:老板永远是对的,第二:若是老板错了,请参看第一条。”这句话强调了老板对员工的绝对领导关系,但这并不表明老板向你下达的所有指令,你都必须执行。

忠诚不是唯命是从,当老板让你做一件涉及到违法犯罪的事情时,你一定要拒绝。

2003年“非典”期间,有一家公司的老板想借机报复竞争对手,他找来了对自己忠心耿耿的下属,让下属给防治“非典”中心打电话,谎称那家公司里发现了多名“非典”疑似患者。下属遵照执行,搞得有关人员着实紧张了一阵。后来警方经过调查,查到了那个下属头上。

在警方讯问人员的强大攻势下,那名下属交代自己是受老板指使,老板却说自己并不知道这件事,他也没有指使下属打电话。下属拿不出证据,只好自己背黑锅,这就是一个员工让他的顶级上司——老板,抓住把柄后产生的一个恶果。

所以,忠诚不是盲从和绝对服从。当老板向你下达任务时,你应该学会分析辨别,哪些是必须执行的,哪些是要坚决拒绝的,然后去做正确的事，这样才不会犯错误，不会影响自己的前途。

职场箴言

老板喜欢忠诚的员工，作为一名员工，要赢得老板的关注，除了要有过硬的专业技能外，还需要有赢得老板信任的人格魅力，而忠诚无非是最好的选择。所以我们要做敢于行动且忠于职守的人，但忠诚不是盲从和绝对服从，要明辨是非。对老板的指令，如果确实该做，就要毫不犹豫地去执行；如果是不应该做的，并且对自己贻害无穷，就要想方设法去拒绝。

不做缺乏忠诚的跳槽狂人

在竞争日益激烈、人才流动逐渐增大的现代职场，跳槽对大多数公司员工来说都是难免的，很多人不会在一个公司待一辈子。俗话说："人往高处走，水往低处流"，每个人都希望踏上更高的台阶，选择一份最适合自己能力、兴趣、爱好和个性特征的工作。

据中国某知名人力资源公司的一份调查表明，66%的受访者认为，一生不只需要一份工作，换工作是很正常的现象。当问及他们会对什么样的公司保持忠诚时，49%的受访者强调了"能够实现个人理想"这一点，而看重薪水待遇和公司知名度的只有9%和4%。可见，西方职业思维的冲击，导致中国年轻一代的企业员工逐渐摆脱传统儒家"忠"的思想，趋向更个人化的职业选择。

为了改变环境，寻求新的发展，职场中很多人都加入到跳槽的大军中。一次两次的跳槽对个人来说是利大于弊，但是如果过于频繁的跳槽，那么就是弊大于利了。所以每个人在跳槽之前一定要经过深思熟虑，根据自身的情况和外界的因素权衡利弊。

33岁的刘怡想跳槽到某知名日用品任区域经理。当被告知没有被录用后，他觉得纳闷极了。因为初试、笔试、面试一切都进行得很顺利，老板对他的工作能力很肯定，也明显表现出了录用他的意向，可为何在几天时间里就山河巨变了呢？原来，用人方给他原来的单位发了一纸商函，用以调查他以往的工作表现。遗憾的是，他在离职时没有做好收尾工作，原单位以“不够敬业”等字眼评定了他过去的表现，相应地用人方也最终以“职业操守有问题”为由将他拒之门外。

刘怡的这次跳槽以失败告终，他只能吸取教训，从头再来。我们知道，忠诚的员工会得到老板的信任，老员工则更容易得到上司的信任，取得更大的发挥空间。那么，职场人为何还要冒险跳槽呢？

总括起来，员工跳槽的原因有以下几点。

一、薪酬问题

最新的一项调查表明，薪酬问题是员工离开公司最主要的原因，因为薪酬是一个员工自身价值的体现。虽然企业经常提倡员工要无私，但薪酬是员工维持自身生活水准最基本的条件，如果他们的付出与薪酬不成正比例，那么就自然影响其工作热情和自主能力的发挥。不过，在跳槽前首先应该考虑的是同现在的老板谈判，争取更高薪水，如果行不通的话，再考虑跳槽。

二、职业发展

那些刚参加工作不久的人群，由于他们在开始找工作的时候对自身的定位很模糊，等工作了一段时间后发现自己并不适应目前这个行业，所以就跳槽寻找适合自己的职业。还有人由于目前工作岗位发展空间太小，不能积累职业竞争力，对以后的发展造成了严重危机，所以跳槽也就成为必然。也有一些员工学习能力很强，事业心也很强，但目前所在的单位却不能给自己提供良好的晋升机会和培训机会。

三、人际关系

这里的人际关系包括与老板的关系、与同事的关系，如果在公司里处理不好这些关系，会对自己的发展造成不利的影响，但遇到这种情况跳槽并不是最好的选择。如果和上司不和，应该尝试同老板改善关系，说不定能创造奇迹。你的人际关系差，如果是自己的原因，应该考虑改变自己的行为，而不是轻率跳槽。

频繁跳槽的人一般都有两种情况，太自信的人和不自信的人。太自信的人可能觉得经常换工作表明自己有才能，自己应该适合更好的，内心会不断地膨胀。而不自信的人则会在一次次的换工作中越来越不自信，甚至对就业失去信心，实现自我价值的欲望会淡薄。

对于频繁跳槽的员工来说，开始一份新工作最尴尬的就是他们可能会发现，之前的工作可能更好或他们所期待的改变并没有发生。经常跳槽的人基本上学不到什么东西。企业用人一般都有培养周期，等培养出来人也走了，这对企业来说损失很大，所以一般企业的人事部门对于频繁跳槽这件事很敏感。经常跳槽存在着一定的弊端：

1.事业发展缺乏持续性，使自己找不到职业方向。今天在这家公司干这个，明天到另一家公司干那个，最后都不知道自己应该干什么了。

2.让用人单位对你缺乏信任感。过于丰富的履历表让用人单位产生担心：你干什么都没有长性。

3.随着年龄的增长，事业上越来越没有发展空间，除非你在某一领域有特殊的才能。随着你年龄的增长，找工作就会越来越难。表面上看你什么都干过，其实你没有一技之长。人才市场上需要的是专家，而不是杂家。

“此处不留爷，自有留爷处”人们在跳槽时如此潇洒，但是真正面对工作时又是如此无奈。一个频繁转换工作的人，在经历了多次跳槽后，发现自己不知不觉中形成了一种习惯：工作中遇到困难想跳槽；人际关系紧张也想跳槽；看见好工作想跳槽；有时甚至莫名其妙就是想跳槽，总觉得下一个工作才是最好的，似乎一切问题都可以用转移阵地来解决。这种感觉使人常常产生跳槽的冲动，甚至完全不负责任地一走了之。

如果发现自己已经有成为“职场青蛙”的倾向，就要开始从自身找原因了。对于想要摆脱频繁跳槽状况的人，应该好好静下心来思量思量，然后重新确定目标，找个在职场中有丰富经验的朋友，一起分析一下自己的兴趣特点、职场优势、适合的工作环境等，在任何一个适合自己的平台上坚持两年左右的时间，之后再来确定目标。

“责任、忠诚、激情”是最基本的职业精神和商业精神，它可以让一个人在所有的员工中脱颖而出。一个人的成功与一个企业和公司的成功一样，都来自于他们追求卓越的精神和不断超越自身的努力。华为的文化核心价值观之一是，认真负责和管理有效的员工是我们公司最大的财富。新华人寿认为，没有责任，就没有速度，就没有效益，就没有全面、统筹、健康的发展。清华同方的管理文化是忠诚、责任与价值等同的做人原则和承担、探索、超越的做事原则。所以，公司都希望员工忠诚和有责任心。

目前，虽然跳槽成为商界的流行趋势，许多人的心里也都蠢蠢欲动。但如果员工在更换工作后不久再次跳槽，这对他们找到的新工作会带来不利的影响，所以，大家在跳槽之前一定要慎重考虑，权衡利弊进行一番比较后再做出决定，千万不要盲目地跟风。

职场箴言

你是跳槽狂人吗？如果是，那么你并非是工作上的狂人，而是一个失败者。因为跳槽的成本很高，除了金钱损失之外，还有对新工作心理上的适应成本，而且新工作未必一定比原来的好。

付出比别人多得多的汗水

在很多公司，大家常常发出这样的感慨：同在一个单位，有着同样的学历，为什么有的人总是业绩更好、工资更高、待遇更优、进步更快、更能够获得领导的信任？为什么总有一部分人比别人优秀？这是许多公司员工都在思考的问题。

如果我们把自己比做一个舞者，那工作就是我们施展能力的舞台。只有工作，才能给我们提供如此全面展示我们才能的机会；只有工作，会让我们的生命历程如此充实和精彩。就连美国教育部前部长、著名教育家威廉·贝内特也曾说过："工作是我们要用生命去做的事。"工作就是责任，每个人的工作都是上天赋予的使命，无论干什么工作，都应该做到最好。

职场中人都希望自己成为最优秀的员工。优秀的员工是勤奋进取、舍得付出、甘心奉献的员工，他们之所以优秀，是因为他们比别人付出了多得多的汗水。

一个初中毕业的农家子弟进城打工，在一家搬运公司找了份工作。因为憨厚，他总是被其他的搬运工欺辱，以至形成了这样一个规律：凡是没人愿意干的活儿，一定是他上。但也正是因为这样，任劳任怨的他被老板看在眼里，记在心里。结果他在半年内从搬运工先后升为计数、填单。这时，有些老工人对他说，让他尽快向老板提出加工资要求，因为他的前一任的工资是600多元钱一个月，而他这个时候的工资只有300多元钱。可他觉得自己300多元钱的工资已经很不错了，而且他是老板从这么多人中间破格提升的，比起那些比他先来却还在做苦力的同事来说，他应该感谢老板。因此，他工作起来比以前更加努力了。半年后，公司出纳员携款跑了，他被老板提拔为出纳，工资也从300多元直升至1100多元。而在这家搬家公司工作了5年的老员工，工资也只有700多元。

后来，他觉得在搬运行业没有多大发展前途，便进了一家超级市场。他继续发挥着自己任劳任怨、不计报酬的精神，一个言语不通、文化低下的农村青年，在所在的部门里，几乎替所有的同事做了超过30%以上的工作量。然而，正是因为帮别人做了大量的工作，他摸索出了怎样干活才能更有效率的方法。在他干了两个多月的时候，来了个外国经理，他熟练的工作技巧和有条不紊地工作秩序，使他在众人中脱颖而出。

可见，在职场中要想成为优秀员工，就要永远比别人多付出一点，少要求一点。如果你现在没有得到你想要的，那么，你即将得到更多。千万不要计较工作上的得与失，多做事就多学了东西、丰富了经验。

提到齐瓦勃，大家都比较熟悉，他是伯利恒钢铁公司——美国第三大钢铁公司的创始人。他出生在美国乡村，只受过短暂的学校教育。15岁那年，家中一贫如洗的他到一个山村做了马夫，然而雄心勃勃的齐瓦勃无时无刻不在寻找着发展的机遇。3年后，齐瓦勃来到钢铁大王卡内基所属的一个建筑工地打工。一踏进建筑工地，齐瓦勃就表现出了高度的自我规划和自我管理的能力。当其他人都在抱怨工作辛苦、薪水低而怠工的时候，齐瓦勃却一丝不苟地工作着，并且为着以后的发展而开始自学建筑知识。

一天晚上，同伴们都在闲聊，唯独齐瓦勃躲在角落里看书。那天恰巧公司经理到工地检查工作，经理看了看齐瓦勃手中的书，又翻了翻他的笔记本，什么也没说就走了。第二天，公司经理把齐瓦勃叫到办公室，问："你学那些东西干什么？"齐瓦勃说："我想，我们公司并不缺少打工者，缺少的是既有工作经验，又有专业知识的技术人员或管理者。"经理点了点头。

不久，齐瓦勃就被升任为技师。接着，齐瓦勃又一步步升到了总工程师的职位上。25岁那年，他做了这家建筑公司的总经理。

后来，齐瓦勃终于独自创立了属于自己的伯利恒钢铁公司，并创下了非凡的业绩，完成了他从一个打工者到创业者的飞跃。

优秀员工就是这样，主动付出，甘心奉献，洒下比别人多得多的汗水，才能在工作中做出非凡的成绩，让自己抵达优秀和卓越的顶峰。

职场箴言

你不仅是在为老板而工作，不仅是为那点微薄的薪水而工作，你是在为自己工作，为自己的前程而工作。只有洒下比别人多得多的汗水，才能成为最优秀的员工。

把企业利益放在第一位

巴克莱全球投资公司的首席执行官帕特里·丹恩女士告诉她的员工们:“不要为自己盘算,应该仔细想一想怎样做才能真正成为企业里最有用的人。”一名优秀的员工首先应该把公司利益放在第一位,无论何时何地,都要最大限度地维护公司的利益,这是每一位员工必须恪守的基本职业道德。

但这并不是所有的人都能做到的。有些人认为个人利益与企业利益是不相干的,甚至是相对的,所以,他们经常抱怨:“什么?才给我4%的提成?不行,我的功劳这么大!”、“这单生意我为公司赚了100万元,为何奖金这么少?与我的付出不成比例了。”、“这次分房怎么没有我?”……

之所以出现这样的事情,是因为这些员工没有意识到个人利益包含在企业利益中。在任何时候,没有一个人可以使自己的利益与企业利益完全分离,只有整个企业获得更多的利益,个人的利益才有可能随之增加。

王海是一家投资公司的操盘手,他具有敏锐的观察力,业务娴熟,能在瞬息万变的股市中发现商机,并能果断地进行投资。他进公司不到一年,便为公司赚了一大笔钱,成为公司的业务骨干。

在年终的总结大会上,公司经理特地邀请王海坐到自己身边。他首先赞扬了王海的工作能力,并直言不讳地说公司在股市里的赢利主要归功于王海。王海很开心,但同时他的虚荣心也在迅速膨胀,他甚至认为自己是公司员工的“衣食父母”,因为他为公司赢了利,而有的同事却给公司造成了不小的损失。

当会议结束时,王海打开年终的“红包”,看到公司给自己的年终奖金与自己期望的数目相差甚远时，一种失落感油然而生，但他当时并没有表现出来，而是把抱怨和不满压在了心头。

后来，王海的心思不再放在为公司谋利益上，而是全身心投入自己的“小金库”计划中，他一开始是利用自己手中掌握的公司账户，私下里进行了几次交易，并将其赢利装进了自己的腰包。后来他又私下抽出公司的部分资金，借给一个做生意的朋友做短期周转，从而给自己赢得高额的回扣。但就在这位朋友把这笔资金归还之前，公司在一次例行财务检查中，王海私自炒股等恶行被发现了。

由于王海的行为已经严重损害了公司的利益，于是，公司立即罢免了他的职务，并到检察院立了案，王海也因此受到了应有的惩罚。

如果谁忽视了企业的利益，将自己的利益置于企业利益之上，谁最终就会失去更多的利益。王海为了一己私利而不顾企业的利益，不仅丢掉了“饭碗”，还使自己的成功梦想灰飞烟灭。

喜马拉雅山是世界上最高、最雄伟的山系，为什么喜马拉雅山那么高呢？关键不是在于它自身的高度，而在于它站在世界最高远的青藏高原上。同样，只有企业强大了，才能真正地成就自己。

一个人格健全的员工，始终会把公司的利益放在首位，甚至牺牲个人利益也在所不辞。维护公司的利益，将公司的利益放在第一位，不仅有利于公司的发展，更有利于我们自身职业生涯的发展。优秀员工都深知企业的价值所在，因为他们懂得：一滴水很快就会干涸，只有当它投入到大海的怀抱后，才能永久地存在。个体也只有和企业融为一体，才能获得无穷的力量，才能实现宏伟的目标！

职场箴言

一个忠诚于企业的员工，必然拥有较强的工作责任心。有较高忠诚度的员工，往往会自觉地把企业的利益放在首位。在眼前利益与长远利益、局部利益与全局利益、个人利益与企业利益之间发生矛盾和冲突时，他们都能忠诚于企业，顾全大局，做到心底无私天地宽。因为只有公司强大了，才能真正地成就自己。

第二章 怀着一颗感恩的心去工作

学会工作，懂得感恩，是世界众多知名企业的企业文化，也是企业生存和发展的重要方式和员工持续进步的动力。只要带着感恩的心去对待自己的工作，那么你就会变成一个珍惜工作、热爱工作，在工作中尽职尽责，投入自己全部激情的人。一个人只有带着感恩的心去工作，才能在工作中发现别人发现不到的乐趣，学到别人学不到的知识，积累到别人不具备的经验。只有这样，一个人在工作中的价值才能被体现，潜力才能被发掘，智慧才能被激发，最终达到自己事业的巅峰。

带着感恩的心去工作

感恩之心，是我们每个人都应该具备的最基本的素质，千万不要将现在拥有的一切都视为理所当然。作为企业的员工，对企业我们要心怀感恩，要带着感恩的心去工作。

记得有位哲人曾经说过：生命是没有意义的，除非有工作；所有的工作都是辛苦的，除非有知识；所有的知识是空虚的，除非有热情；所有的热情是盲目的，除非有颗感恩的心。所以我们应该为他人，也为自己，多一些感恩，多一些善意，多一些微笑。

当我们拿到薪水和爱人享受温情与浪漫的时候，我们应该想到感恩工作；当我们拿着薪水换来的礼物去孝敬父母的时候，我们应该想到感恩工作；当我们悠闲地带着孩子在公园游玩的时候，我们应该想到对工作的感激；当和朋友开怀畅饮的时候，我们应该想到对工作的感激。

只有这样，我们才能迸发出极大的工作热情，才能为工作努力。因为感恩精神会激发你的积极心态，在你的感恩心态之下而突显出来各种优秀品质，会驱动着你不断前进。所以，若想成为最优秀的员工，就要怀着感恩的心去工作。

人的生命大部分的时间是在工作中度过的，不要为了工作而工作，不要让工作成为非常乏味的事情，可以把工作当做一种快乐的来源。工作是上天赋予我们的使命，我们必须要用对待生命的态度来对待工作。可以说，懂得感恩是一名员工优秀品质的重要体现，学会感恩则是一名员工做好工作的精神动力。

虽然每一份工作都不是尽善尽美的，但每一份工作中都有许多宝贵的经验和资源，如失败的沮丧、自我成长的喜悦、温馨的工作伙伴、值得感谢的客户等等，这些都是工作中必须学习的感受和必须具备的财富。如果你能每天怀抱着一颗感恩的心情去工作，在工作中始终牢记“拥有一份工作，就要懂得感恩”的道理，你一定会有许多收获。

一位成功的职业人士曾说：“是一种感恩的心情改变了我的人生。当我清楚地意识到我在学历以及待遇上比别人都低时，我没有权利抱怨什么。相反的，我对所有的一切都怀抱感恩之情。我竭力要回报别人，我竭力要让他们快乐。结果，我不仅工作得更加愉快，所获帮助也更多，工作也更出色。我很快获得了公司加薪升职的机会。”

所以，在职场中不管做任何事，都要把自己的心态放平，抱着学习感恩的态度，不要计较一时的待遇得失。不论做任何事都能心甘情愿、全力以赴，当机会来临时才能及时把握住。

当然，“带着感恩的心去工作”不是一句空洞的口号，而是心灵真情的迸发。用感恩的心对待现在工作，就会对企业忠心耿耿，荣辱与共；对工作充满激情，兢兢业业；对同事多一份欣赏，少一份挑剔。

如果我们每天能带着一颗感恩的心去工作，我们就能享受到一种工作时的愉快和积极的心情，烦恼就会离我们远远的。所以带着一种从容坦然、喜悦的感恩心情工作吧，这样你会获取意想不到的惊喜和成就。

职场箴言

用感恩的心对待工作，就不会为名所诱，为利所诱，任何时候都会以身作则，严于律己；用感恩的心对待工作，你就会在意这份工作，在意你的同事，在意你的朋友，在意你的家人，就会真心实意地把这份工作做好；用感恩的心对待工作，就能保持阳光的、健康的、积极的本质，就能微笑着迎接生命中的每一天，就能快乐地生活和工作。

抱怨少一点，感恩多一点

在职场中，我们讨论得最多、抱怨得最多的就是老板："昨天干到晚上12点，晚饭也没吃，还不给报销打车费！"、"老板太抠门了，什么都是省钱第一，真是头疼！"、"我更惨。办公室的空调坏了，这么热的天，老板都不管！"……我们对这类抱怨的语言都比较熟悉，其实换位思考一下，我们也就不难理解老板了。

老板也是人，有家庭琐事的拖累，有巨大的工作压力。为了维持公司的运营，老板对内要做好管理，让一切有条不紊；对外要做好协调，交际应酬，让一切都能顺利无阻。商场如战场，风云变幻，稍有不慎便会内外交困，将企业击垮。所以如果在工作中少一点抱怨，多一点感恩，生活会走得更远，将会更美好。

易中天刚刚出名，在接受记者的采访时，他感慨地说："我走上'百家讲坛'，成了'名人'，对往事的回忆，我的看法是'三多三少'：多一点感恩，少一点抱怨；多一点宽容，少一点挑剔；多一点理解，少一点争执。"易中天的肺腑之言很准确地说明了社会生活中的哲理。

丽丽在一家电子产品公司做营业销售员。五六年的时间过去了，她仍然做着一名小小的营业员，连一个店长也没有当上。所以她经常向朋友抱怨，一会儿说老板没眼光，一会儿又说同事们都挤对她。

有一次,丽丽的朋友到她所在的店里看望她。丽丽放下手中的工作和朋友聊天,还拿着手机不停地玩游戏。顾客来了她就当没看见,问她的时候也是爱理不理的。一连来了五个顾客都是这样,到第六个顾客的时候,她还向顾客抛了一句:“买不起就别看。”使顾客尴尬至极,愤愤地离开了。

后来,这位朋友又去店里,发现丽丽没在,在询问一位同事后,才知道丽丽已经被解雇了。这位朋友对此并没有感到吃惊,因为她上次看到丽丽的工作态度后,就感觉丽丽被解雇是迟早的事。

一个人要想在事业上取得成功,就要扮演好自己在工作中的角色。无论你目前所做的工作有多么的卑微,薪水少得多么的可怜,你都要一步一个脚印地做好自己的本职工作,只有这样才能创造出惊人的成绩。

西方有句著名的谚语:与其诅咒黑暗,不如点亮蜡烛。抱怨并不能解决问题,只会把事情弄得更糟,只有实干才能让问题得以解决。前苏联著名的军事家朱可夫元帅就是少说多做的典范,他曾经有句名言:“再解释鞋子也不会亮!”

1928年,朱可夫担任苏俄骑兵第39团团长。在一次团队仪容检查中,朱可夫对一个连队的仪容很满意,只是觉得有个士兵的皮鞋不够亮。

于是他就询问连长:“你觉得这个士兵的皮鞋怎么样?”连长没有回答,而是转身责备士兵为什么没有擦皮鞋。朱可夫打断他的话:“我问的是你,而不是他。我感兴趣的不是你所说的,而是你所做的。再解释鞋子也不会亮起来!重要的不是皮鞋没有擦,而是你没有注意这个问题。士兵可能是由于疏忽,而你应该注意这个问题,仔细检查把好关。”

朱可夫让副官拿来小凳和擦鞋工具,然后一丝不苟地帮那个士兵擦起鞋来,直到油光可鉴为止。从此以后不仅士兵们擦鞋更起劲了,而且整个军队的面貌都焕然一新。

人们常说,行动是无声的命令。朱可夫没有抱怨和批评皮鞋没有擦亮的士兵,而是亲自动手给士兵擦鞋,从小事入手锻造了士兵的顽强作风，从而打造出一支英勇善战的铁军。成功人士都有一项共同点：从来不会为了解释事情的结果而编造借口，也不会抱怨事情原本应该如何发展，只会积极行动。

“不要抱怨玫瑰有刺，要为荆棘中有玫瑰感恩。”假如你想抱怨，生活中所有的东西都会成为你抱怨的对象；假如你不想抱怨，你就不会抱怨生活中所有的东西。要明白，一味的抱怨毫无用处，有时候还会让事情变得更加糟糕。所以无论现实如何，我们都不应当抱怨，而要学会感恩。

著名投资专家约翰·坦普尔顿通过大量的观察研究，得出这样一条重要的结论：“取得突出成就的人与取得中等成就的人几乎做了同样多的工作，前者仅仅是多做了一份努力，却取得了与后者有天壤之别的成就。”做一名尽职尽责的员工固然是让人放心的员工，但是如果想成为一名优秀的员工，那么每天就让自己多做一点事情，多进步一点点。

在这个世界上，任何一项工作都不可能是完美的，也没有一项工作会令一个人绝对满意，我们无法做到从不抱怨，可我们能做到让自己少一点抱怨，多一点感恩。这样才会离成功更近一步，世界才会变得更美，生沽才会变得更甜。

职场箴言

很多人在工作中抱怨自己时运不济，付出太多而得到的却很少，别人总是很容易成功，而自己却总是与成功无缘。其实，成功与失败都掌握在自己的手中，就看你怎样去对待工作。让自己少一点抱怨，多一点感恩，踏实工作，成功就会向你招手。

精彩职场离不开感恩

“如果你只能对一个人表示感恩，你会对谁说？”有位记者随机在身边的30位市民中做了一个小小的调查。结果发现，脱口而出回答“女友”或“男友”的比例不少，占40%，有8名受访者最想对客户说谢谢，有4名受访者的答案是“老师”，想把感恩之心献给父母的也有3人，相比之下，表示要把感恩之心献给职场上的上司、同事者比例较小，只占10%。

而且一些刚刚走上工作岗位的应届生恰恰没有对自己的“饭碗”心存感恩，相反，却有不少抱怨之词，一个毕业4个月就跳槽3次的女生这样说：“老板一个月才给我一千大洋，还不如我妈给的零花钱多呢。”另一位刚辞职的男孩这样发牢骚：“我觉得同事很排斥我，苦活儿都叫我做，奖金却没我的份儿。”还有一些人抱怨老板不近人情，经常安排加班；业绩要求太高，难以完成；工作环境不够理想，竞争太激烈等等。而巧合的是，抱怨多过感恩的人，在职场上的成就也不尽如人意。

其实，换一个角度来看问题，你就会有柳暗花明的感觉。清华大学程社明教授曾说：“精彩职场，赢得人生，就要把握机会，善待‘生命贵人’，这一切源于你拥有一颗感恩之心。”滴水之恩当以涌泉相报，这是精彩职场又一法则。

在职场中做任何事情，保持良好的心态最重要，要把自己的心态摆正，每天抱着一颗感恩的心情去工作，多一些善意和微笑，把工作激情用自己特有的方式传递给别人，你就能分享职场成功的喜悦。

邻居王大姐在一家星级酒店当保洁员，她对自己的工作总是抱着感恩的态度，她的笑容总是让人如沐春风。去年刚毕业的丽华在一所中学教书，备受器重的她一口一个感恩："感恩同事，我遇上难管理的学生束手无策时，他们会以过来人的身份把自己的经验传授给我；感恩校长，当我觉得班级成绩不理想时，他总是鼓励我下次再来；感恩可爱的学生们，他们当我是良师，更是益友！"……在她们的脸上，明明白白地写着"感恩"。

可见，只要我们时常怀有感恩的心态，便能从腐朽中发现神奇，从平凡中寻到精彩，从失败中汲取教训；只要我们用感恩的眼光去看待工作，就会发现公司给我们提供了启迪智慧的场所，以及历练能力和身体的机遇。

学会感恩，用平和态度去对待工作，用友善目光看待同事；学会感恩，才明白宽容，用博大心胸去包容世界。感恩，让我们懂得奉献，用真诚的心回馈社会。蒙牛集团牛根生说："小胜凭智，大胜靠德。"感恩是一种美德，它让你的职场精彩、事业成功、快乐无限！

职场箴言

如果你总是怀着一颗感恩的心去享受工作，就不觉得累，就不会有负担，反而会过得很愉快、很充实，你的职场人生也会跟着精彩起来。

企业是员工生存和发展的平台

许多员工认为自己只是一个打工者，与公司只是一种雇佣与被雇佣的关系，甚至有意无意地将自己置于与老板或上司对立的地位，这实在是一种错误的认识。虽然工作与取得报酬有着直接的关系，但事实上并没有这么简单。

企业和员工是一个共生体。企业不但是员工之间互相交流、沟通和协作的平台，也是员工学习和展示才华的平台，只有从这个意义上认识企业，你的职业生涯才有意义，才能将工作视为乐趣，而不是痛苦的工作与薪水交换过程。

美国商界名人约翰·洛克菲勒曾对工作下过这样的定义："工作是一个施展自己才能的舞台，我们寒窗苦读得来的知识、我们的应变力、我们的决断力、我们的适应力以及我们的协调能力，都将在这样一个舞台上得到展示……"

所以，企业和员工之间是"一荣俱荣，一损俱损"的关系。员工靠企业生存，企业靠员工发展，企业与员工是一种相互依赖的关系，少了任何一方，另一方的存续都将成为一纸空文。只有确保企业这个平台的良好运转，才有员工生存和发展的机会。作为公司或企业的员工，努力维护和建设这个平台应是每一位员工义不容辞的责任和义务。

俗话说：有多大的胸怀，就能干多大的事业。只有搭台子才能唱大戏，对员工而言，公司就是这样的台子。查利·贝尔从麦当劳的一名厕所清洁工做到总裁，就是很好的例子。

贝尔幼时家境非常贫寒，迫于生计，15岁的他到麦当劳求职。当时他找到麦当劳店的店长，请求给他一份工作。由于营养不良，贝尔看上去瘦骨嶙峋，脸上没什么血色，穿戴也是土里土气。店长看他这副模样，委婉地拒绝了他，说"店里暂时不需要人手，希望你到别的地方去看看。"

过了几天，贝尔又来了，他对店长诚恳地说："只要能工作，即使没有报酬也行。我看到厕所的卫生状态似乎不是太好，这样也许会影响您的生意。要不安排我扫厕所吧，只要给我解决吃住就行了。"店长被贝尔的真诚打动了，答应让他先试工三个月。

经过三个月的考查后，店长正式宣布录用贝尔，并且安排他接受正规的职业培训。接着，由于贝尔工作表现突出，店长又相继把他安排在店内各个岗位进行锻炼。贝尔在19岁时被提升为麦当劳在澳大利亚最年轻的分店经理。后来，他又被派驻欧洲，此后那里的业务扶摇直上。

由于贝尔精明能干，他先后担任麦当劳澳大利亚公司总经理，亚太、中东和非洲地区总裁，欧洲地区总裁及麦当劳芝加哥总部负责人，直到后来担任管理全球麦当劳事务的执行总经理。成功后的贝尔对麦当劳充满感激之情，在总裁坎塔卢波去世后，他临危受命，接管麦当劳当上了总裁，这年他43岁。接着，贝尔更是加紧工作，即使在他身患癌症后，也仍坚持着为企业工作了半年多。

可见，企业不仅为我们提供了较为优厚的待遇和物质生活保障，更为我们构建了展现自我价值的平台。正是因为有了麦当劳这个平台，15岁的贝尔从一名厕所清洁工起步，一路扶摇直上，直至成为麦当劳最年轻的首席执行官，管理这个世界上最大的餐饮公司。

所以我们对企业要心怀感恩，如果能每天怀抱一颗感恩的心去工作，在工作中始终牢记"拥有一份工作，就要懂得感恩"的道理，就会有很多收获。只有这样，你的职业生涯才有意义，才能将工作视为乐趣而不是痛苦。

职场箴言

一个人若想生存，就得工作。如果一个人失去了工作，那么他就会失去生存的基础。所以，为自己能够拥有工作而高兴吧，热爱自己的企业吧。只有这个平台越来越大，越来越好，才能为我们创造更多的机会，提供更大的发展空间。

感恩之心让你更容易成功

在一个"与成功者对话"的论坛上，有位听众请教台上的企业家："您觉得一个人成功的秘诀是什么？"企业家答道："保持一颗感恩的心。只要你对人、对事、对物保持一颗感恩的心，你一定会成功。"这段话赢得了阵阵掌声。我们知道很多古文典籍，如《弟子规》、《圣经》、《古兰经》等，都告诉人们要怀有一颗感恩谦卑的心，感谢所有帮助我们的人。

的确，感恩的心是我们每个人生活中不可或缺的阳光雨露，一刻都不能少。无论你是何等的尊贵，或是看似怎样的卑微；无论你生活在何时何处，或是你有着怎样特别的生活经历，只要胸中怀有一颗感恩的心，你就将不断涌现出诸如温暖、自信、坚定、善良等这些美好的处世品格。

事实上，拥有一颗感恩的心，不仅是做人的一种道德准则，更是事业成功的一大秘诀。在工作上，只要我们拥有一颗感恩的心，就会发愤图强，尽自己最大的努力去回报企业、回报社会。

著名企业家牛根生就是一个心怀感恩、知恩图报的人。在 1981 年，牛根生因为家境贫寒，想准备结婚却又身无分文。在距婚礼还有两个月的时间里，他所在厂的厂长孙有亮主动帮他解决问题，牛根生从孙厂长处拿到了一张 500 元的存折。要知道，当时牛根生一个月的工资才只有 20 元。

牛根生受了孙厂长的这番恩惠，怎能不感恩在心呢？他心里涌过阵阵暖流，眼中的热泪忍不住就流了下来，他立志要报答孙厂长的恩情。从此以后，牛根生加倍努力地工作，常常在厂里一干就是十几个小时，任劳任怨。即使没有奖金，没有加班费，他也没有丝毫的不情愿。别人上一天的班，他可以上两天，有新项目下来时，别人只学本组的东西，他却把其他班组的东西也学了。

结果，牛根生的工作能力有了很大的提高，总能把事情做得漂漂亮亮，他成了孙厂长手里的一张不可或缺的"王牌"。

牛根生努力工作不求回报，完全是因为他拥有一颗感恩的心。他对孙厂长的感恩已不只停留在内心或局限于语言，而是化成了一股巨大的动力，付诸实实在在的行动。他的这种感恩行动不仅为工厂带来了效益，还为自己事业的成功奠定了坚实的基础。

在这个世界上，凡是取得成功的人都时刻怀着一颗感恩的心，对工作认真负责，他们也因此总是能在工作的过程中展现出各种优秀的品质，进而得到老板的青睐和赏识，得到加薪升职的机会。

爱因斯坦说过："每天我都要无数次地提醒自己，我的内心和外在的生活，都是建立在其他人劳动的基础上。我必须竭尽全力，像我曾经得到的和正在得到的那样，作出同样的贡献。"我们要心存感激，去珍惜并竭力回报这个美好的世界。感激你的上级并虚心向他学习，努力配合他的工作，同时不断提高业务技能，争取早日在工作中独当一面；感谢你的同事，积极同他们合作，尽心尽力地去做自己该做的事情。你会发现，当感恩成为了一种习惯，你的生活会变得更快乐、更幸福、更成功。

所以要想取得事业上的成功，要想获得人生的幸福，要想让这个世界充满光明与美好，就让自己拥有一颗感恩的心，深切地去感受别人带给你的温暖，真诚地感动着，说出你的感激之情，并付诸行动吧！

职场箴言

让我们怀着感恩的心去对待工作与生活，只要我们怀有感恩之心，充满希望和热情，就更容易取得成功。因为一个懂得感恩并知恩图报的人，才是天底下最富有的人。

懂得感恩的员工最受欢迎

企业里的员工成千上万，如何成为最受欢迎和最优秀的员工呢？其中很重要的一点就是感恩。因为对公司、对老板怀有感恩之心的人，不会找借口搪塞自己的工作，不会做表面文章欺骗老板。他们视公司的财富如珍宝，也时时想着维护公司的利益。试想，一个人能把公司的东西当成自己的一样去看待，老板会怎样看待他呢？

一位大集团的总裁说，他经历了这么多年的风风雨雨，他发现，如果一个人有能力，那他会是一个可用的员工；如果一个人懂得感恩，那他会是一个优秀的员工；如果一个人既有能力又有感恩的心，那么，放手让他做什么都可以。

一家日本大学毕业生最向往的公司，每年都会招聘员工，筛选的最后一关是由社长亲自进行面试，题目只有一个："请问你有没有洗过妈妈的手脚？有何感想？"有个年轻小伙子的答案是"没有"，社长建议他回去洗妈妈的手脚，三天后再来面试。

小伙子回家就端了一盆热水洗妈妈的手脚，他与母亲的距离从没有这样近过，他的内心感到无比温暖，同时也才发现母亲的手脚相当粗糙，结满了茧，他顿时百感交集，并向母亲忏悔，他觉得自己从未真正关心过母亲，母亲每天不辞劳苦，为家人不求回报地默默付出，使家人无后顾之忧。经过这次亲身体验，他对母亲对家人的爱、无私奉献有了深刻体会。三天后，他把自己的感受一五一十地向社长做了报告，结果这个小伙子被录用了。

这家公司认为，懂得感恩的人，为人处事是主动积极的、乐观进取的、敬业合群的，未来前途是不可限量的。"懂得感恩"，是这家公司招贤纳才的首要条件。

但在现实中，真正懂得感恩的员工并不多见。一个员工可以为陌路人的点滴帮助而心存感激，却无视朝夕相处的上司、同事的种种恩惠、帮助和支持，将一切视为理所当然，视为纯粹的商业交换行为。

其实，在雇佣和被雇佣的关系的背后，也有感恩的成分。作为员工，公司和老板为你提供了就业机会，提供了锻炼自己成长成才、提升能力和素质的机会，难道这不值得你去感恩吗？懂得感恩的员工才能成为优秀的员工。

美国前总统罗斯福的故事就告诉我们应该如何保持一颗宽容感恩的心。

一次，罗斯福家被盗，被偷去了许多东西，一位朋友闻讯后，忙写信安慰他，劝他不必太在意。罗斯福给那个朋友写了一封回信：

“亲爱的朋友，谢谢你来信安慰我，我现在很平安。感谢上帝：因为第一，贼偷去的是我的东西，而没有伤害我的生命；第二，贼只偷去我部分东西，而不是全部；第三，最值得庆幸的是，做贼的是他，而不是我。”

对任何人来说，被盗绝对是不幸的事，而罗斯福却找出了三条感恩的理由。对盗贼都能感恩，多工作、对老板、对同事难道就不应该感恩吗？如果一个员工连起码的感恩都不知道，又怎么能珍惜工作、热爱生活、心怀爱心呢？

学会感恩，我们就会变得宽容；学会感恩，我们便能以一种更积极的心态去回报我们感恩的对象；学会感恩，我们会帮助那些需要帮助的人；学会感恩，我们会使心灵变得澄澈明净。更主要的是学会感恩，会让你成为最受欢迎、最优秀的员工，何乐而不为呢？

职场箴言

生活的经验告诉我们，如果我们为某个事情拿出一张冷脸面对世界，世界也不会给我们好脸色看；如果我们对自己拥有的一切心存感激，就能得到他人友善的回应。学会感恩吧，这样你才会备受欢迎，才会拥有一个成功的人生。

学会向你的对手感恩

当今社会，人和人之间的身体距离很近，但心的距离则遥不可及。不管遇到什么事情，我们都应该以一颗感恩的心去面对，让我们在感恩中寻找幸福。

在短暂的一生中，我们要感恩的人很多。我们要以一颗感恩的心来面对生活，感谢你的父母，他们赐予你生命；感谢你的导师，他们给予你灵魂;感谢你的遭遇,它们给了你勇气;感谢你的幸福,它们给了你动力;感谢你的亲人,他们让你能感恩;感谢你的对手,他们让你坚强。

人,都有一种与生俱来的惰性——好逸恶劳。而一个人要想取得成功,就必须克服这种惰性。要想走向成功的彼岸,不仅要靠自己,而且还要靠我们的对手。因为对手无时无刻不在威胁着我们,只要我们一不留神地放松自己,就可能被对手打败、超越。或许每个人都不希望有一个强大的对手,但是每个人却又不得不拥有一个强大的对手。生活中的对手可以是合作者,也可以是激励我们不断努力,使我们产生更强大的动力的人,这就是我们为什么要感恩我们的对手的理由。

在网上曾看到这么两个故事。

一个是:挪威的渔民驾着渔船回港,人们纷纷挤向渔船买鱼,可惜鱼槽中的沙丁鱼都已经死了,只能作削价处理。渔民们对此束手无策,可其中有一位名叫汉斯的渔民则不然,他船上的沙丁鱼都在活蹦乱跳。原来汉斯的鱼槽里有一条凶悍的鲶鱼到处乱蹿,迫使沙丁鱼们紧张游动,不敢懈怠,如此才存活下来。二是:美国阿拉斯加自然保护区里的管理人员为了保护野鹿,将狼消灭了。从此,鹿群再不必为逃避天敌而奔跑,也不用为食物发愁,于是病弱残疾者与日俱增,最后竟至濒临绝种的危险地步。这时,管理人员省悟了,又将几只凶残的狼引回鹿苑。有了天敌的威胁,鹿群穷于奔命,很快恢复了往日的勃勃生机。

这两个故事都告诉我们,大自然的法则就是"物竞天择,适者生存。"没有天敌的动物往往最先灭绝,有天敌的动物则会逐步繁衍壮大。同理,在人类社会中,竞争无处不在,无时不有,优胜劣汰,适者生存。只有有了对手,才能使我们拥有更强大的动力,才能激励我们赢得更大的成功。

但是有许多人往往敌视对手,排斥对手,针尖对麦芒,简直是不共戴天!把对手视为心腹大患,是异己,是眼中钉,肉中刺,恨不得马上除之而后快。在仇视中消耗精力,浪费生命,带来病痛!其实反过来仔细一想，我们便会发现拥有一个强劲的对手，反倒是一种福分，一种造化。

有一个访谈节目采访奥运冠军刘翔，当主持人问他取得好成绩的奥秘时，他说："我把以前的奥运冠军当做我的对手，把他们当做我追赶的目标。我不断地告诉自己要赶上他们，要超过他们。"是的，正是因为有约翰逊等超级对手的存在，正是因为有这种重视对手、追赶对手的精神的存在，才使得刘翔的人生与众不同，体现出别样的精彩。感恩对手，是因为他的存在让我们看到了自己奋斗的目标。

拿破仑曾经这样说："一匹马如果没有被另一匹马紧紧追赶并要超过它，就永远不会疾驰飞奔。"的确，别人跟得快，你才会跑得更快。其实，我们也正是在与对手的交往中逐步成长起来的。感谢对手，便会使你的精神在孕育中成长，在成长中释放，在释放中升华。所以，我们要感谢他们，因为有了他们才有了我们自己的强大。

职场箴言

人生如棋，有对手才有竞争，有竞争才有压力，将压力转换为动力，我们才能迈向成功。所以对竞争对手心存感谢，其实是一种懂得自我认识、自我改正、自我提高的奋斗者心态，是乐观、向上的进取之心，也是能"笑到最后"的必经过程。

学会感恩，懂得分享

没有阳光，就没有温暖；没有水源，就没有生命；没有父母，就没有我们自己；没有亲情、友情和爱情，世界就会是一片孤独和黑暗……然而，当我们在生活中理所当然地享受着这一切的时候，却常常漠视着这一切，常常缺少了一颗感恩的心。

有这么一个小故事。

传说，有一个寺院的住持，给寺院里定下了一个特别的规矩：每到年底，寺院里的和尚都要面对住持说两个字。第一年年底，住持问新和尚心里最想说什么，新和尚说："床硬。"第二年年底，住持又问新和尚心里最想说什么，新和尚说："食劣。"第三年年底，新和尚没等住持提问，就说："告辞"。住持望着新和尚的背影自言自语地说："心中有魔，难成正果，可惜！可惜！"

住持说的"魔，"就是新和尚心里没完没了的抱怨。这个新和尚只考虑自己要什么，却从来没有想过别人给过他什么。在现实生活中，有很多人是这也看不惯，那也不如意，怨气冲天，牢骚满腹，总觉得别人欠他的，社会欠他的，从来感觉不到别人和社会对他的生活所做的一切一切。这样的人心中无恩，更别提感恩了。

事实就是这样，人们往往对自己的付出记忆深刻，而对自己得到的却常常会忘记感恩。爱因斯坦说过："每天我都要无数次地提醒自己，我的内心和外在的生活，都是建立在其他人的劳动的基础上。我必须竭尽全力，像我曾经得到的和正在得到的那样，作出同样的贡献。"虽然我们只是个普通人，不像伟人那样对人类有卓越的贡献，但我们也应该学会感恩，懂得分享。

因为感恩是人性善的反映，它是一种品德，一种生活态度，一种健康心态，一种处世哲学，一种智慧品德。知恩、感恩、报恩是中华民族的光荣传统和优良美德，影响着一代又一代的人。

不会感恩、不懂得分享的人，只会"一叶障目，不见泰山。"就算彩虹绚烂，他们也看不见，因为他们心中充满了抱怨；就算繁星满天，他们也看不见，因为他们心中缺失了感恩；就算社会上温暖延绵，他们也看不见，因为他们心中遗失了分享。

两个行走在沙漠中的旅人，已行走多日，在他们口渴难忍的时候，碰见一个赶骆驼的老人，老人给他们每人半瓷碗水。两个人面对同样的半碗水，一个人抱怨水太少，不足以消解他身体的饥渴，抱怨之下竟将半碗水泼掉了；另一个人也知道半碗水不能解除身体的饥渴，但他却拥有一种发自心底的感恩，怀着这份感恩的心情，喝下了这半碗水。结果,前者因为拒绝这半碗水而死在沙漠中,后者因为喝了这半碗水,最终走出了沙漠。

所以一个心怀感恩、懂得分享的人,即使有祸,也能点祸成福;即使有河,也能化叶成船;即使有山,也能变坡成川!学会感恩,懂得分享,你便会有一个不一样的精彩人生。

比尔·盖茨是全球巨富,从2008年6月起卸任微软执行董事长,自己连人带钱投入到慈善事业。他把80%的时间用于做慈善事业,将580亿美元的个人资产悉数移交至“比尔和梅琳达·盖茨基金会”账户名下。

盖茨曾在声明中说:“伴随巨大财富而来的是巨大责任,现在是把这些资源回报社会的时候了,而帮助困境中的人们是回报社会的最好方式。”

世界首富比尔·盖茨创造了世界的一个奇迹,但是任何奇迹都有其内在的逻辑可循。盖茨用智慧、能力使财富快速积累,是受益于美国和世界对其创业和创新的认可,而盖茨又用自己的财富来回馈社会,这是因为他与众多的慈善先行者一样,对人间财富抱有感恩的态度。

可见,分享能够给人带来坦然、充实和快乐,分享是一个职业人的美德之一。懂得分享的人,才是真正相信因果的人;懂得分享的人,才是真正快乐的人。

但现今职场上有许多不愿与人分享的例子。比如,主管不愿将经验及技术悉数传授给自己的属下,总生怕有一天属下的翅膀硬了,自己饭碗便丢了。再比如,销售部门近阶段来的业绩大好,部门员工以为这下奖金可多了,结果好事却让上面的人给占了。

诺贝尔在读小学的时候,成绩一直名列班上的第二名,第一名总是由一个名为柏济的同学所获得。有一次,柏济意外地生了一场大病,无法上学而请了长假。有人私下为诺贝尔感到高兴说:“柏济生病了,以后的第一名就非你莫属了!”诺贝尔并不因此而沾沾自喜,反而将其在校所学作成完整的笔记,寄给因病无法上学的柏济。到了学期末了,柏济的成绩还是维持第一名,诺贝尔则依旧名列第二名。诺贝尔长大后，成为一个卓越的化学家，最后更发明了火药而成为巨富。在他死后，他将所有的财产全部捐出，设立了知名的“诺贝尔奖”。因为诺贝尔的开阔心胸与乐于分享的伟大情操，他不但创造了伟大的事业，也留下了后人对他的永远怀念与追思。最后在历史上，大家都认识考第二名的诺贝尔，但鲜有人知道永远考试第一名的柏济。

诺贝尔的成功绝非只靠他的聪明才智而已，更重要的是他的心胸气度与分享的态度。所以我们要常怀感恩之心，常做有益之事。只有学会感恩、懂得分享，才能在职场游刃有余，才能成为一个对社会有贡献的人。

职场箴言

我们时常要这样告诫自己：如果没有父母，我就不会有生命；如果没有了工作，我就无法生存。所以，我要感谢这一切，感谢上苍对我们的眷顾，心怀感恩与人分享。

第三章
在服从中完美执行

一个企业的执行力决定了企业的竞争力。在任何一个企业中，一个员工的执行力决定着企业的命运。有无数的人拥有卓越的智慧，但只有那些懂得如何执行的人获得成功。没有一个上司喜欢那些自作主张、把自己的话当耳旁风的下属，所以把服从当成天职的员工才是最优秀的员工。一名优秀的员工会想尽办法去完成任务，而不是去寻找任何借口，哪怕看似合理的借口。当然，老板也会犯错，当纠正老板的错误决策时，要注意顾及老板的感受。只有让老板有足够的面子，老板才可能很愉快地改变自己的决定。

服从不等于盲从

《孙子兵法》有云："将在外，君命有所不受。"这不止是怕有人假传圣旨，还有最重要的一点就是不接受远在千里之外，对战局毫不了解之人的命令，哪怕他是自己的国君。

道格尔休斯上校曾经在一次远征的动员大会上说过："忠诚不是愚忠，服从不是盲从，假如你的长官错了，你还盲目地忠诚于他，你就是愚昧的人，这样的人没有资格进入海军陆战队。"员工和军人一样，服从命令是天职，但是员工和老板的关系不是封建社会的君臣，不盲目服从老板命令是每一个员工的责任。

很多老板在考核自己员工的时候，不仅仅考虑他能否在布置下的任务面前毫不退缩，最重要的是这个员工能不能按照自己的意图把工作做好。

下级服从上级，彼此融洽相处，才能有条不紊地开展工作和提高效率。把服从视为责任的人，会不讲条件，不问原因，不计报酬，不折不扣地去落实完成，这就是恪尽职守。无论遇到什么困难，遇到多大阻力，他们都会想尽一切办法去实现目标。

在实际工作中，服从与盲从虽一字之差，意义却大相径庭。服从是无条件地执行，不找任何借口，快速、认真地依从上级指令完成任务。盲从则是对上级的指示、决定，在不理解其意图的情况下一味附和、一概听从、一律执行的盲目行为。

每一个羊群中都有一只头羊，只要这只头羊在群羊之中，所有的羊都会毫无保留地跟随它，这便是羊的习性。

有一家牧户设有一个专门杀羊的屠宰场，但是每次杀羊的时候他们都非常的苦恼，杀羊并不困难，困难的是怎样将羊赶进血腥味十足的屠宰场内。后来他们终于发现，只要让头羊走进去，所有的羊都会乖乖地跟着头羊走进去，哪怕走进去的是令它们闻风丧胆的屠宰场。

牧户在屠宰场的另外一边开了一个小门，并训练了一只头羊，每次这只头羊带领着新的一群羊走进屠宰场后，它便从另外一个小门走出去，而被关进屠宰场的羊群面临的将是血腥的屠杀。

这只头羊一次次带领新的羊群走进屠宰场，而羊群对这只头羊依然毫无保留地跟随。悲剧就这样一次次重演，而悲剧的源头只是因为群羊的盲目服从。

在职场中，也有不少人单纯地认为只要对老板完全尊重，甚至是阿谀奉承才是服从，奴性十足才是忠诚。或许这样的人在初入职场的时候会迅速地得到老板的青睐，但是会在很短的时间内被老板识破，一个拿愚忠、阿谀奉承或奴性当做忠诚、当做服从的人，很快会被明眼的老板淘汰。

服从不等于盲从，职场中人对领导的能力、水平、人格可以认同和赞赏，但不能迷信、崇拜和不分是非。既要尊重领导，也要学会思考，要认真执行其正确意见和主张，但不能盲从。任何盲从都会导致脱离实际，生活在虚无缥缈之中，最终会掉下无底深渊，不能自拔。那么，怎样才能做到服从而不盲从呢？

1.不一味顺从。对领导的指令当然要认真贯彻执行，但是，服从不是听话到不辨是非的程度。如果发现领导有错时，作为下级需要冷静思考，权衡利弊。特别是在原则问题上发现有问题，如果一味顺从会对实际工作和领导本人带来负面影响时，那就一定要想方设法及时向领导坦诚提出自己的看法和建议，而不能明知不对，有错不纠。

2.不信口开河。有的人嘴上没有锁，喜欢私下评头论足。若想避免信口开河，就要学会严谨，说话滴水不漏，办事有板有眼，待人不卑不亢，处世游刃有余。坚决不做小道消息的传播者、人云亦云的学舌者、搬弄是非的坏事者。

3.不当面顶撞。如果觉得领导的决策不合理，下级也不可以当面顶撞，令领导难堪。在众人面前应该先接受，表示服从，然后，再单独找领导汇报、沟通和交流，委婉地说明，让领导自己了解不合理的地方，而自行纠正。这样一来，既能调整不合理的决策，又不伤害领导的自尊心，还能密切上下级的关系。

其实，老板也是人，难免会犯错误。当老板做出不利于公司发展的决策的时候，他也希望旁边有一个人能及时地跟他沟通，让他可以及时地收回这样的决策，以避免造成更严重的后果。所以，老板也期待有一个或是一群有创造力的员工，服从却不盲从。

职场箴言

服从不是不辨是非，像一个奴才一样绝对愚忠于自己的老板，而是保持清醒的头脑忠诚于自己的职业，服从老板正确的命令。当老板做出错误的决策时，不要当面让老板下不了台，要巧妙地指出问题的症结所在，千万不要盲目服从。

优秀员工把服从当成天职

服从命令是每个军人的天职，任何时候，违抗军令都是绝对不允许的。在职场里，虽然没有军队的纪律严明和必须绝对遵守的制度，但是上司的命令同样被视为最高的指挥，应当坚决地去执行。

在生活中，我们经常会听到各种冠冕堂皇的借口，例如，上班迟到了，理由是路上堵车；工作在规定的时间里没有完成，就说工作量太大等等。试想，一个事事都找借口的员工，有哪一个老板会喜欢呢？不服从就代表他不愿接受领导交给他的任务，或是仅仅按照符合自己利益的方式去完成任务。

作为一名下属，你所能做的，也是唯一和必须做的，就是像美国西点军校的西点人一样地去服从和执行！

小王进公司不久，上司就让他去一个地方开发市场。但那地方十分偏僻，上司曾经把这个任务派给过 3 个人，但都被他们推脱掉了，他们一致认为那个地方根本不会有市场，即便去了也是徒劳。但是，小王接到上司的任务后，什么也没说，只带着公司产品的样品出发了。几个月后，小王带回好消息，那里潜在的市场很大。其实，小王在出发前，也认定公司的产品在那个偏僻的地方没有销路，基于坚决的服从意识，他还是毅然前往，并用尽全力去开拓市场，并最终取得了成功。

一个敢于积极地去接手棘手任务的员工，每一个老板都会欣赏，因为老板比任何人都清楚，这表明了你敢于承担责任，老板怎么会有理由不去欣赏这样子的员工呢？所有的企业都希望自己的每一位员工都是优秀的，希望自己的员工都能够不折不扣地完成任务，而不是寻找借口。

所以作为员工，无论什么时候，都应该主动、积极地去完成上司交给你的任务，这是执行的第一步。一个高效的企业一定要有良好的服从观念，一个优秀的职员也应该有服从意识。

商场如战场，如果企业没有好员工，就不会有好的效益。要想做一名优秀的员工，自身必须具备的素质和能力有很多，服从就是其中之一。如果一个下属不能无条件地服从上司的命令，这样的团队必将走向失败；反之，一个下属无条件地服从上司的命令，则能产生强大的执行能力，取得巨大的成功。

职场箴言

没有一个上司喜欢那些自作主张、把自己的话当耳旁风的下属，所以，把服从当成天职的员工才是最优秀的员工。

给老板留足面子

老板也是人，不是神，当然也有说错话、做错事、下达错误指令的时候。面对老板的错，你该怎么办呢？这里没有一个固定的应付模式，但必须不失时机地用适当的方式指出他的过失。批评上司的过失，不仅是对工作的需要，也是对上司爱戴的表现。不过，上司对自己的威信往往很敏感，这是可以理解的，因为威信是上司做好工作的条件。在这里有一个原则，就是给老板留足面子，毕竟上司就是上司，需要维护其尊严与面子。

有这样一个故事。

公司老总在年会上提出，公司将在年底的时候出资，以组织所有的职员出游的方式来庆祝今年的销售目标超额完成。这本来是一件好事，但是老总所提出的地点是去年已经去过的度假村，小李把老总的指示恭恭敬敬地记在了自己记事本上。

事实上每一个人都知道若是再重复地去这个度假村的话，不但没有达到公司嘉奖员工的预期效果，反而有可能引起一些员工的反抗心理。年会过后，小李找到了老板，向他说明了自己的观点，结果老板很爽快地同意了小李推荐的一处温泉会所。

老板犯错不可怕，关键是员工要巧妙地指出老板的错误，并说服老板改变决定。都说老虎的屁股摸不得，说服老板改变主意，自然是一件很棘手的事情。其实只有方法对头，给老板留足了面子，一般来说，老板都能改变自己的决定。

富兰克林曾经说过这样一句话：优秀的人并不是不争吵，而是懂得如何避免争吵。许多人都把成功简单地理解为是老板的赏赐，他们片面地认为只要成为老板喜欢的人，就会离成功不远。其实，许多看上去很短的路往往是没有未来的，它们不通往任何地方。

俄国作家契科夫写过一个员工的故事：一个地位卑微的员工打了一个喷嚏溅到老板身上，他忧心忡忡，不停地解释，使本来并不在意的老板大为恼火，训斥他一番，这个员工又惊又怕，最终死去。

这绝对不是艺术夸张，而是当时俄国社会的写照。这个员工不是死于生理疾病，而是死于一种病态的人格，可见，同上司关系的好坏严重影响着员工的情绪。某系统的一个统计材料表明，该系统员工要求调动工作，90%是和上司关系不好，或者是在工作中不能发挥作用。

所以，和老板间的冲突有时是在所难免的，但不要在冲突发生以后一走了之，因为在工作环境里还会出现老问题；也不要为争口气大闹一场，因为吵闹不能解决问题，反倒有可能断送了奖金，还是实际些吧！说到实际，谁是谁非也许并不重要，即便是你对了，上司错了，你也应开动脑筋为上司寻找一个下台的台阶，无论如何解决冲突的前提是合作。

实际上老板说错了话还不算严重，最难办的是老板作出错误抉择，而且还不听下属的忠言，一意孤行。如果你一定得执行你认为是错误的命令，那你唯一能做的是：服从你的老板，认真去执行。在执行的过程中，要积极主动地报告你的工作进度和工作中出现的问题，凭着你不断报告的工作进度，老板不是傻子，是终止还是继续？他会清楚的。即使最后证明老板错了，你也不要难过，毕竟你已经尽了力。

总之，作为下属，你要时刻铭记：老板是你最大的顾客。面对顾客，要像沃尔玛的经营理念一样——顾客永远是对的。假如你力争证明老板错了，也要注意给老板留足面子。

职场箴言

老板也会犯错，当纠正老板的错误决策时，要注意顾及老板的感受。只有让老板有足够的面子，老板才可能很愉快地改变自己的决定。

服从是执行的第一步

在美国西点军校有一个广为传诵的传统，就是遇到军官问话，只能有四种回答“报告长官，是”、“报告长官，不是”、“报告长官，不知道”、“报告长官，没有任何借口”。除此之外，不能多说一个字。

劳恩钢铁公司总裁卡尔·劳恩曾说过：“军人所做的第一件事情就是学会服从，整体的巨大力量来自于个体的服从精神。在公司中，我们更需要这种服从精神，上层的意识通过下属的服从很快会变成一股强大的执行力。”

商场如战场，服从的观念在企业界同样适用。每一位员工都必须服从上级的安排，就如同每一个军人都必须服从上司的指挥一样。服从是行动的第一步，一个团队如果下属不能无条件地服从上司的命令，那么在达成共同目标时则可能产生障碍，反之，则能发挥出超强的执行能力，使团队胜人一筹。

当然，在企业中不能机械地照搬西点的训诫和要求，而且并不是所有上司的指令都正确，上司也会犯错误。但是一个高效的企业必须有良好的服从观念，一个优秀的员工也必须有服从意识，因为上司的地位、责任使他有权发号施令，同时，上司的权威、整体的利益不允许部属抗令而行。

曾有一位著名的田径教练，每当见到运动员便苦口婆心地劝他们把头发剪短，他的理由是：问题并不在于头发的长短，而是在于他们是否服从教练。可见，纵然不懂教练的意图，但不找借口地服从，这才是教练所期望的好选手。同样，不找借口地服从并执行，这才是企业所期望的好员工。

海尔总裁张瑞敏在比较中日两个民族时曾说："如果让一个日本人每天擦桌子六次，日本人会不折不扣地执行，每天都会坚持擦六次。可是如果让一个中国人去做，那么他在第一天可能擦六遍，第二天可能擦六遍，但到了第三天，可能就会擦五遍、四遍、三遍，到后来就不了了之了"。

我们从这段话中可以看出，中国人在执行方面总是存在着一种惰性。但是对于企业和员工而言，敬业、服从、协作等精神永远都比任何东西重要，而这些品质并不是员工与生俱来的，所以为了克服这种惰性，就要求我们严格律己，从身边的每一件小事做起，并且在不断地学习中提高自己的能力，改正自己的错误，克服自身存在的一些弊端。那么，我们同样也会成为一名优秀的执行者。

有这么一个故事。

据说，在开学第一天，苏格拉底对他的学生们说："今天咱们只做一件事，每个人尽量把胳臂往前甩，然后再往后甩。"他做了一遍示范后，接着说："从今天开始，每天做300下，大家能做到吗？"学生们都笑了，这么简单的事，谁做不到？可是一年之后，苏格拉底再问的时候，全班却只有一个学生坚持下来，这个人就是后来的大哲学家柏拉图。

"这么简单的事，谁做不到？"这正是许多人的心态，但所有的成功者与我们都做着同样简单的小事，唯一的区别就是，他们从不认为他们所做的事是简单的小事。在服从的背后是一种锲而不舍的精神，一种坚持到底的信念，一种脚踏实地的务实态度，一种自动自发的责任心。

所以服从是行动的第一步，处在服从者的位置上，就要遵照指示做事。服从的人必须暂时放弃个人的独立自主，全心全意去遵循所属机构的价值观念、运作方式，才会成为优秀的员工。

职场箴言

所有的大事从小事做起，所有的行动从服从开始。我们需要学会服从，真心地服从，习惯于服从。因为没有服从就没有团队的执行力，也更不会有个人的成长和发展！

具有较强的执行力

日本软银公司董事长孙正义曾说过："三流的点子加一流的执行力，永远比一流的点子加三流的执行力更好。"执行力这个词原创自美国，通俗地说，执行就是做成一件事，执行力就是做成事的能力。检验执行力的标准即：是否能按时、按质、按量完成任务。

个人执行力的强弱，关键取决于自己是否有正确的工作思路和方法，是否有良好的工作方式和习惯，是否熟练掌握工作和做事的相关执行工具，是否有执行的做事风格与性格特质。具有较强的执行力的人，在每一个阶段、每一个环节都力求卓越，切实执行。具有较强的执行力的人，就是能把事情做成，并且做到他自己认为最好结果的人。具有较强的执行力的人，随时随地都想着企业的顾客，了解到顾客的需求后，乐于思考如何让产品更贴近并帮助顾客。

有这样一则寓言。

耶稣带着他的门徒彼得远行，途中发现一块破烂的马蹄铁，耶稣希望彼得捡起来。不料彼得懒得弯腰，假装没听见。耶稣自己弯腰捡起马蹄铁，用它在铁匠那儿换来 3 文钱，并用这些钱买了十几颗樱桃。出了城，两人继续前行，经过茫茫荒野时，耶稣猜到彼得渴得厉害，就把藏在袖子里的樱桃悄悄地扔出一颗，彼得一见赶紧捡起来吃。耶稣边走边丢，彼得也就狼狈地弯了十几次腰，于是耶稣意味深长地对他说:“要是按我说的做,你最开始弯一次腰就行了,我也就不用一次又一次重复地扔樱桃,你也就不用没完没了地弯腰。”

这个寓言深刻地说明了执行的重要性。如果员工都和故事中的彼得一样,对企业领导的指令听而不闻、不去执行,领导者的所有指令都会变成一纸空文、一场空谈,而员工自己也将为执行不力付出代价。

执行力是企业员工的一种基本能力。看一个人是否有较强的执行力,主要从三个方面观察:反应及时,行动快;理解到位,效率高;追求卓越,好胜心强。员工在工作中要按这三个方面的要求来做,那么他就是一个执行力很强的人。

曾看到这样一个小故事。

很久以前,海边生活着一个老渔夫,他每天都要出去捕鱼。这个老渔夫捕鱼时有一个习惯,那就是在捕鱼前一定要喝两口白酒,然后再趁着酒劲下海捕鱼,这样他捕鱼时才会更有精神。

有一天,老渔夫像往常一样又来到了海边,他正要喝酒的时候,突然听到了一阵凄厉的叫声。他发现船边有一条蛇,蛇的嘴里叼着一只青蛙,凄厉的叫声是垂死挣扎的青蛙发出的。见到这个情景,老渔大顿生恻隐之心,他心里暗暗想着,“怎么办,我得救它。可是,如果我把蛇打死,蛇也是生命呀!”情急之下,老渔大突然想到了一个招数,他往酒杯里倒了两滴酒,接着马上跑到蛇面前,冲着蛇嘴将酒滴了下去。蛇一闻见酒香就把嘴张开了,青蛙顺势跑掉了。

老渔夫非常高兴,觉得自己真是做了一件一举两得的好事。正在老渔夫自我得意的时候,他又听见了凄厉的叫声,而且这次的声音比刚才的声音还要高亢。他走过去一看,发现刚刚游走的蛇又回来了,它的嘴里叼着两只青蛙,瞪着两只眼睛看着老渔夫。

老渔夫明白是怎么回事了。原来蛇领会错了他的意思,他本来是想救青蛙,才给蛇点儿酒喝,结果蛇以为叼一只青蛙就会有两滴酒喝,叼两只青蛙就可以得到更多的酒。

这个故事告诉我们,在工作的时候,不但要有敏锐的思维和较强的执行力,同时还需要正确领会上级的意图并有正确的执行方法，只有这样才能达到最好的效果。

强生公司总裁拉尔夫·拉尔森表示："如果不能被付诸实施的话，再周密的计划也一钱不值。"所以执行是否有力是事关企业生死的大事。因为一个企业即使有再好的战略，再详细的规划，如果不能将这些战略规划执行到底，那么所有的战略规划永远也不可能成为现实。

现代企业都已清醒地认识到执行的重要性，纷纷致力于执行力的建设，包括领导者和管理者自身执行力的建设，以及企业员工执行力的提升。其中，员工的执行力是企业执行力的基础，因为员工执行力的高低决定了企业发展的速度。

事实上，只有做到坚定不移地服从命令，尽职尽责地执行任务的员工才能得到领导者的认可，获得更多发展的机会。而那些只会怀疑领导的命令，却从不尽力执行命令的员工，在公司领导心目中不会占有重要的位置。

职场箴言

一个企业的执行力决定了企业的竞争力。在任何一个企业中，一个员工的执行力决定了企业的命运。有无数的人拥有卓越的智慧，但只有那些懂得如何执行的人获得了成功。

没有执行力就没有竞争力

为什么一件小事拖拖拉拉完不成？为什么一个好的战略犹如空中楼阁，无法实施？这些都是因为没有好的执行力作为支撑。比尔·盖茨说："没有执行力，就没有竞争力。"所以，执行力就是战斗力，执行力就是竞争力，执行力对于企业发展、团队塑造是非常重要的。

一名员工，只要接受了任务就意味着做出了承诺，即使完成不了自己的承诺也不要找借口，因为没有任何借口是高度敬业精神的体现。一个不找借口的员工，肯定是一名优秀的、执行力很强的员工。这样的员工，首先能够坚决地执行上级命令和指示，义无反顾地去完成任务，不管在完成任务的过程中遇到怎样的艰辛与困苦。所以，无论是企业高层、中层还是基层员工，如果每一个人都能保质保量地完成自己的任务，就不会出现执行力不强的问题；如果企业在每一个环节和每一个阶段都做到一丝不苟，就不会有这么多的推诿扯皮现象。

有这样一则古老的寓言：某地的一群老鼠，非常惧怕一只凶狠无比、善于捕鼠的猫。于是，老鼠们群聚一堂，讨论如何解决这个心腹大患。老鼠们颇有自知之明，并没有杀猫的雄心壮志，只不过想探知猫的行踪，早作防范。有只老鼠的提议立刻引来满场的叫好声，它建议在猫的身上挂个铃铛。在一片叫好声中，其中有只老鼠突然问道："谁来挂铃铛？"

这是一个讽刺性很强的寓言。因为没有好的执行力，所以给猫挂铃铛只是一个梦而已。而一个团队如果没有完美的执行力，就算有再多的创造力也可能没有好的成绩。可见，具有执行力，是一个人或一个团队能否被认可、能否成功的关键因素之一。作为一个企业，有无执行力，关键是看是否拥有具有执行力的人。

说起"娃哈哈"，现在是家喻户晓，它不仅占领着国内的饮料市场，同时也走向了世界。"娃哈哈"的成功秘籍是什么？我们应该向"娃哈哈"学些什么呢？

娃哈哈集团位于杭州，当金融危机在全球迅速蔓延，开始严重影响到我国经济实体时，娃哈哈集团却克服重重困难，高歌猛进。2008 年底，"娃哈哈"的营业收入、销售收入等经济指标相比去年增幅达到 30%以上，销售总额已逾 300 亿元。根据中国饮料工业协会最新发布的饮料行业 10 强数据，2008 年"娃哈哈"的产量占了 10 强总量的 55.57%、销售占了 65.84%、利税占了 73.16%，均超过其余 9 强的总和。如今，"娃哈哈"已经成为中国饮料行业名副其实的"王者"。

"娃哈哈"在金融风暴当中表现出的优秀业绩，引起了业界众多人士的广泛关注与讨论。专家学者们一致认为，超强的执行力是"娃哈哈"迈向辉煌的基本保证与关键所在，正如"娃哈哈"总裁宗庆后本人所说："做企业就像打仗，抓住了机会就能一举成功，而要迅速抓住市场商机，必须确保'决策'和'执行'两大关键管理环节的有效和迅捷，减少管理中间环节。"

而在娃哈哈集团的领导层当中，不设置副总，管理机制采取扁平化管理，就是为了减少管理的中间环节，提升企业的执行力。由此可见，执行力在"娃哈哈"管理当中所发挥的重要作用。

其实，每个组织并不缺乏伟大的战略，真正需要的是把战略落实到位的执行力。毕竟，再不景气，仍有公司达到预定的运营目标；构想再伟大，也要有人将它实践出来，这一切靠的就是执行力。而提高执行力的关键在于每一名员工真正明确和履行各自的岗位职责，在其位、谋其政，心往一处想，劲往一处使，形成执行合力。

普通员工的本职就是落实，就是执行。要进一步树立大局意识、责任意识和学习意识，加强理论知识和业务技能学习，全面提高自身素质，充分发扬"蜜蜂"那种兢兢业业、任劳任怨的精神，扎实高效地干好自己的本职工作，不折不扣地落实上级精神。

所以，在工作中，不要把过多的时间和精力花费在寻找借口上，不管事情的结果怎样，借口是起不了任何作用的。与其寻找借口，还不如动脑筋想想怎样去解决，办法总比问题多，相信总可以找到解决问题的方法。

职场箴言

有人经常为自己在工作中的错误寻找一些冠冕堂皇的理由，为自己开脱责任。但是不管你的借口是否合理，它对自己和公司都起不了任何作用。一名优秀的员工会想尽办法去完成任务，而不是去寻找任何借口，哪怕是看似合理的借口。

抓住机会，将执行进行到底

企业的执行力最终表现的是团队精神，其重要性在于个人和团体力量的充分发挥。小溪只能泛起零星的浪花，海纳百川才能激起惊涛骇浪，个人与团队的关系就如小溪与大海。每个员工都应将自己融入到集体中去，充分发挥个人的作用，因为个人的发展离不开企业的发展，员工个人追求应与企业追求紧密结合，树立与企业风雨同舟的信念。

霍尼韦尔前任 CEO 拉里·博西迪，在 1991 年担任联信公司首席执行官后，对联信进行了一系列改革，建立了一套“言必行，行必果”的执行文化。到他 1999 年离开的时候，公司已发生了很大变化。联信与霍尼韦尔合并之际，联信的边际收益增加了两倍，几乎达到15%，资产回报率也从 10%上升到了 28%，股东实际得到的回报几乎是以前的 9 倍。取得这些成效的根本秘诀在于：通过建立良好的人才选拔机制，形成有效执行的组织结构，完美执行。

所以，要想让那些对没做好工作寻找借口的员工，那些对自己工作敷衍了事的员工，那些不服从领导命令的员工，那些不能完成自己本职任务的员工变成优秀的员工，方法只有一个，就是坚定地告诉他们：“抓住机会，将执行进行到底。”

有一位大学生，刚毕业的时候被聘到一家广告公司做业务员，他每天的主要工作就是通过电话联系公司指定的客户，当电话打完之后，就开始去拜访那些有意做广告的客户。他和所有刚毕业的大学生一样，都愿意待在公司的办公室里电话联系客户，因为那样很轻松。这一天，当他准备出去见客户的时候，就有些犹豫了，外面的气温很高，而且公司的地址远在郊区，交通十分不便。后来他想：这是自己的工作，既然是跑业务，和客户面谈是工作中重要的一部分，又怎么能不去呢！于是他毅然向客户住处走去。

几年过去了，这位大学生已经成为一家跨国公司的销售总监了。回顾那段在广告公司做业务员时的情景，他说：拜访客户的经历让我学到了很多知识，比如如何面对客户、如何与人沟通和交流。“珍惜你的工作，将执行进行到底！”我觉得每个人都应该把这句话作为自己的座右铭。

记住，不要忘记工作赋予你的荣誉，不要忘记你的责任，不要忘记你的使命。一个轻视工作的人，他必将得到严厉的惩罚。只有能将执行进行到底的员工，才能成为优秀的员工。

职场箴言

坚定的执行力和良好的团队精神是企业发展不可缺少的精髓，否则就如同一盘散沙。在执行过程中，团队精神的核心是共同奉献，这种共同奉献需要每一个成员的共同参与、共同奋斗，才能为企业的生存发展注入新的生命活力。

让自己成为执行的高手

执行力是企业发展的根本保证，企业的经营决策会因为执行力强而得到彻底贯彻实施，并且会最终直接作用于终端市场，发挥很大的作用，以最终提升市场竞争力；相反，若在一个执行力差的企业，再好的决策，因为执行不力而在实施的过程中变成一纸空文，最后不但不能提升市场竞争力，甚至会起反作用，造成严重的负面影响。

靠执行力取得成功的典型例子是沃尔玛。沃尔玛的创始人山姆·沃顿创业时，是从乡村包围城市，一点一滴拉大和竞争者之间的差距。例如仅失窃的损失，沃尔玛就比竞争者少了一个百分点，这样的成果和3%的净利相比，贡献可观，而这就是执行力的具体表现。除此之外，沃尔玛还利用集中发货、仓库每天提供低价商品、全国卫星联网的管理资讯系统等，以这些看似平淡无奇的管理手法，创造出全球最大的百货公司。在过去四十年中，没有任何公司能成功地模仿沃尔玛，成功之道无他，唯执行力而已。

所以执行力是事业成功、企业发展的根本保证。对一个现代企业来说，执行力就是决胜力，而执行力是否够强、够彻底，需要通过一个个小细节来体现。一家企业的成功，30%靠战略，50%靠执行力，其余的20%包含了机遇、环境等客观因素形成的平台。可见执行力是最重要的。

相信每一个员工都想成为执行高手，对于普通员工来说，若想不断提升自己的执行力，要注意以下几点：

1.有良好的计划能力

凡事预则立，不预则废，是否有一个好的计划，是提高个人执行力的关键所在。员工应该努力遵循上级的工作分配与要求，制定好相应的工作计划，在全力以赴落实工作的同时，主动汇报工作进度，并配合上级的工作调整，只有这样才能保障计划的有效执行。

2.具备一定的内在素质

一个优秀员工的素质包括：对企业忠诚、对工作高度热情、坚决服从上级安排、团队合作精神、优质高效地完成任务的能力等。这些素质是提高个人执行力的必要因素，影响着个人执行力的发挥。

3.掌握科学方法和管理工具

养成良好的工作方式和习惯，学会科学的授权和任务管理，制定明确的远、中、近期目标，并分解到每个人。还要在下达任务前，有清晰的岗位划分和岗位责任、明确的任务说明、具体的工作目标和对任务的责任，这些科学的工作方法和管理工具都有助于我们更好地完成任务。

4.加强个人在团队中的影响力

一个人在团队中的影响力越大，就越能得到他人的支持与配合，这对提高执行力是非常重要的。具备高度执行力的人，是集高能力与高素质于一身的人，这样的人必将受到企业和老板的高度重视。所以，加强人际交往和个人在团队中的影响，提高自己在同事心目中的地位是非常重要的。

职场箴言

想要在职场中大获全胜吗？那么从现在开始就全力以赴地执行吧。因为一个成功的人，必定是一个执行高手。

第四章
不找借口，勇于承担责任

爱默生说："责任具有至高无上的价值，它是一种伟大的品格，在所有价值中处于最高的位置。"一个人如果选择了工作，那么他也就选择了责任。责任是成功的起点，放弃了责任也就放弃了成功的机会。面对工作，不管喜欢还是不喜欢，都是自己所必须面对的，一名优秀员工要做到尽职尽责，这不仅是对工作负责，而且也是对自己负责。工作就是一种责任，只有全身心地投入其中，才能因为责任感而创造奇迹，如果失去了责任感，也就失去了工作的意义。

一流的人找方法,末流的人找借口

在当今社会里,什么样的员工最受用人单位欢迎呢？这是员工最关心的问题。假如你不了解这一点,你在职场的发展就会受到很大制约,要走很多的弯路。假如你清楚了这一点,你就找到了快速发展的钥匙,成功的几率会大大提高。

有这样一句话:一流的人找方法,末流的人找借口。当遇到问题和困难的时候,一流人才总是能够主动去找方法解决,而不是找借口回避责任,找理由为失败辩解。所以,一个优秀的员工总是崇尚这样的理念:不找借口找方法,方法总比问题多。

不论失败还是办错事,再妙的借口对于事情本身也是丝毫没有用处的。找借口是一种不好的习惯,有些人不仅找借口,而且还在一直不停地抱怨,这些都是在工作中要不得的。

有一位刚毕业的女大学生,学识不错,形象也很好,但有一个明显的毛病:做事不认真,遇到问题总是找借口搪塞。

刚开始上班时大家对她印象还不错,但没过几天,她就开始迟到,办公室领导几次向她提出,她总是找这样或那样的借口来解释。

一天,领导安排她到某大学送材料,要跑三个地方,结果她仅仅跑了一个就回来了。领导问她怎么回事，她解释说："这大学好大啊。我都在传达室问了几次，才问到一个地方。"

老总生气了："这三个单位都是这个大学著名的单位，你跑了一下午，怎么会只找到这一个单位呢？"

她急着辩解："我真的去找了，不信你去问传达室的人！"

老总听后很生气，其他员工看在眼里，好心帮她出主意：你可以找这个大学的总机问问三个单位的电话，然后分别联系，问好具体怎么走再去；你还可以在进去之后，问老师和学生……

谁知她一点儿也不理会同事的好心，反而气鼓鼓地说："反正我已经尽力了……"

结果，这个女孩被辞退了。

这个女孩的举动让很多人难以理解，但大家认为，像这种遇到问题不是想办法解决而是找借口推诿的人，在职场中并不少见。这种爱找借口的员工只能落得个被辞退的下场。

在当今社会里，凡事找借口的员工，都是单位里最不受欢迎的员工；凡事找方法的员工，则是单位里最受欢迎的员工。企业需要的是能够为企业创造财富的人，企业不是一个养闲人的慈善机构，如果你没有可贡献的，企业会毫不客气地对你下逐客令。

在实际生活和工作中，我们会遇到很多不可能完成的任务。不过，我们应当主动请愿，挑战不可能完成的任务，同时我们也应当主动学习，成为单位不可替代的人，要主动负责，勇于承担。而要想做到这点，一定要有足够的勇气和自己坚持不懈的努力。聪明的员工要勇于承担起自己职责内的责任，只有这种员工，才是领导心目中值得栽培的人才，才会成为优秀的员工。

职场箴言

找借口的人，是不会主动想办法解决问题的，哪怕有现成的办法摆在他面前，他也难以接受，这就是一流员工与末流员工的根本区别。优秀的员工不会找借口逃避责任，因为在他们眼中方法总比问题多。

工作中没有任何借口

据美国商业年鉴统计，第二次世界大战后，在世界500强企业中，西点军校培养出来的董事长有1000多名，副董事长有2000多名，总经理、董事一级的有5000多名。任何商学院都没有培养出这么多优秀的经营管理人才。

“没有任何借口”是西点军校奉行的最重要的行为准则，它强化每一位学员都必须想尽办法去完成上级交给的任何一项任务，无条件地服从上级的指挥，而不是想着为没有完成任务去寻找任何借口，就算是有再合理的借口也不能当成完不成任务的理由。它让每一个学员都深刻地认识到：工作中是没有任何借口的，失败是没有任何借口的，人生也是没有任何借口的。

但在生活及工作中，我们经常会听到有些人以这样或者那样的借口，为自己没有完成任务开脱，有的人甚至成了找借口的专家，一有机会就会找借口。其实借口就是一种推卸责任，它对我们的工作没有任何好处。乔治·华盛顿说过：“99%的人之所以做事失败，是因为他们有找借口的恶习。”

对于一名员工而言，服从、执行、协作都是最基本也是最重要的素质。不论是一个企业、一个部门还是一个员工，要完成上级交给的任务就必须要有较强的执行力，只要你接受了一项任务，那么就意味着你对此做出了承诺，而且必须负责到底，这是不需要任何理由的，它体现了一个人是否能够对自己负责，对工作负责，对企业负责。

巴顿将军在他的战争回忆录《我所知道的战争》中曾写到这样一个细节。“我要提拔人时常常把所有的候选人排到一起，给他们提一个我想要他们解决的问题。我说：‘伙计们，我要在仓库后面挖一条战壕，8 英尺长，3 英尺宽，6 英寸深。’我就告诉他们那么多。我有一个有窗户和大节孔的仓库，候选人正在检查工具时，我走进仓库，通过窗户观察他们，我看到伙计们把锹和镐都放到仓库后面的地上。他们休息几分钟后，开始议论我为什么要他们挖这么浅的战壕。他们有的说 6 英寸深还不够当火炮掩体，其他人争论说，这样的战壕太热或太冷。如果伙计们是军官，他们会抱怨他们不该干挖战壕这么普通的体力劳动。最后，有个伙计对别人下命令：‘让我们把战壕挖好后离开这里吧，那个老畜牲想用战壕干什么都没关系。’”最后，巴顿写道：“那个伙计得到了提拔，我必须挑选不找任何借口去完成任务的人。”

无论什么工作，都需要这种不找任何借口去执行的人。对我们而言，无论做什么事情，都要记住自己的责任，无论在什么样的工作岗位上，都要对自己的工作负责。不要用任何借口来为自己开脱或搪塞，完美的执行是不需要任何借口的。没有任何借口体现的是一种完美的执行力，任何一个企业都需要这样优秀的员工。

职场箴言

不管任务多么困难、多么复杂，优秀的员工会想着如何出色地完成它，而不是想着怎样去寻找合理的借口。

寻找借口就是在推卸责任

人们往往喜欢邀功，却不愿对自己的失职承担责任。有时甚至为了逃避责任，还会编造出种种借口。比如：如果工作中的事情不理想，那肯定是老板的问题；如果家里的事情不完美，那一定是对方的错。在工作中,我们也经常能听到各种各样的借口。

许多人在抵赖狡辩,或者为了推卸责任而指责别人。为了免受谴责,多数人都会选择欺骗手段,尤其是当他们明知故犯的时候。其实,任何借口都是推卸责任,在责任和借口之间,选择责任还是选择借口,体现了一个人的工作态度。有了问题,特别是难以解决的问题,可能让你懊恼万分。这时候有一个基本原则可用,而且永远适用,这个原则非常简单,就是永远不放弃,永远不为自己找借口。

美国成功学家格兰特纳说过:"如果你有自己系鞋带的能力,你就有上天摘星的机会!每个人都不是一生下来就会干这干那的,而是在成长的过程中不断历练出来的。"一个人对待生活、对待工作的态度,决定了他是否能够很出色地完成任务。要想成就自己,首先要改变自己的心态,否则一切都是空谈。

有一幅漫画:在一片水洼里,一只面目狰狞的水鸟正在吞噬一只青蛙。青蛙的头部和大半个身体都被水鸟吞进了嘴里,只剩下一双无力乱蹬的腿,可是出人意料的是,青蛙却将前爪从水鸟的嘴里挣脱出来,猛然间死死地箍住水鸟细长的脖子……可见,无论在什么时候都不要放弃。

不要放弃,不要寻找任何借口为自己开脱,寻找解决问题的办法是最有效的工作原则。请记住:永远不要绝望;就是绝望了,也要再努力,从绝望中寻找希望。当你为自己寻找借口的时候,也许听听这个故事,会对你有所启发。

在墨西哥市,坦桑尼亚的奥运马拉松选手艾克瓦里吃力地跑进了奥运体育场,他是最后一名抵达终点的选手。

这场比赛的优胜者早就领了奖杯,庆祝胜利的典礼也早就已经结束,因此当艾克瓦里一个人孤零零地抵达体育场时,整个体育场几乎空无一人。艾克瓦里的双腿沾满血污,绑着绷带,他努力地绕完体育场一圈跑到终点。享誉国际的纪录片制作人格林斯潘远远看着这一切,在好奇心的驱使下走了过去,他问艾克瓦里,为什么还这么吃力地跑至终点。

这位来自坦桑尼亚的年轻人轻声地回答说:"我的国家从两万多公里之外送我来这里,不是叫我在这场比赛中起跑的,而是派我来完成这场比赛的。”

没有任何借口，没有任何抱怨，职责就是他一切行动的准则。而从不推卸责任的员工则会积极主动地完成上司交给自己的任务，他们从不会拖延时间，从不会为自己没有完成任务寻找借口。

有这样一个小故事。

有三只老鼠去偷油吃，它们找到了一只很大的油瓶。三只老鼠就偷油问题专门开了个会，会议的结论是：三只老鼠轮流到瓶子上面去喝油。于是三只老鼠就一个踩着一个的肩膀开始叠罗汉，当最后一只老鼠刚刚爬到第二个老鼠的肩膀上面的时候，突然油瓶倒了，惊动了人，三只老鼠不得不逃走了。

三只老鼠逃回鼠窝，开始讨论失败的原因。最上面的老鼠说，我还没喝到油，第二只老鼠在下面抖动了一下，推倒了油瓶。第二只老鼠说，我是抖了一下子，那是因为最下面的老鼠抖了一下。最下面的老鼠说，没错，我是抖了一下，那是因为我好像听到门外有猫的叫声。最后三只老鼠找到了失败的原因，长叹一声，“啊……原来如此”，没偷到油吃的原因是：猫的责任。

这个小故事告诉我们，无论在什么时候遇到什么事情，我们的第一反应往往就是把责任推卸给别人，而不是积极主动地分析问题到底出在哪里，怎样才能避免这样的事情再次发生。其实，有了问题，特别是难以解决的问题，这时候有一个基本原则可用，而且永远适用，这个原则非常简单，就是永远不放弃，永远不为自己找借口。因为优秀员工的标准就是把事情做好，而且一个优秀员工一定是一个勇于承担责任的人，是个言出必行的人。只有把事情做得彻彻底底，才算是一个堂堂正正的人。

职场箴言

面对工作，不管喜欢还是不喜欢，都是自己所必须面对的，因为一名优秀员工要做到尽职尽责。这不仅是对工作负责，而且也是对自己负责。工作就是一种责任，只有全身心地投入其中，才能因为责任感而创造奇迹。

工作中不要有对立情绪

为了自己的利益，每个老板都会保留那些最佳的职员，留下那些能够忠实地完成上司交付的任务，而没有任何借口和抱怨的人。同样，也是为了自己的利益，每个员工都应该意识到自己与公司的利益是一致的，并且全力以赴地努力去工作。只有这样，员工才能获得老板的信任。

如果你能以老板的心态对待公司，就会成为一个值得信赖的人，一个老板乐于雇佣的人，一个可能成为老板得力助手的人。更重要的是，你能心安理得地入眠，因为你清楚自己已全力以赴，已完成了自己所设定的目标。

所以，在工作中，员工对老板指派的任务要服从，不要有对立情绪，如果你怀着对立情绪去工作的话，你的工作肯定会做不好。所以每一位员工都必须服从上司的安排，就像每一名士兵都必须服从上级的指挥一样。在美国西点军校，即使是立场最自由的旁观者，都相信这样一个观念，那就是“不管叫你做什么，都必须照做不误”，不找借口，更不会推卸责任。

1945 年 6 月 30 日，布雷德利将军给巴顿写了一条与众不同，但又合情合理的评语：“他总是乐于并且全力支持上级的计划，而不管他自己对这些计划的看法如何。”巴顿将军是一个有着自己独特个性的人，但是在接受上级的任务时，他并没有因为这项任务不好完成而发牢骚，他虽然有看法，但在执行任务的时候并不是带着不满的情绪去做的。

当然，西点军校的训诫和要求是从军事指挥的角度来制定的，在企业中不能机械地照搬。而且，并不是上司的所有指令都正确，上司也会犯错误。但是，一个高效的企业必须有着良好的服从观念，一个优秀的员工也必须具有服从意识，不应该带着对立情绪去工作。

军人的这种优秀品质值得我们学习，只要你还是企业里的一员，就应当抛开任何借口，投入自己的忠诚和责任心。因为一个优秀的下属，首先是一个懂得服从上级的下属。

锋士·隆巴第是美国橄榄球运动史上一位伟大的教练。美国绿湾橄榄球队在他的执教下，成了美国橄榄球史上战绩最好的球队，赢得了无数的冠军，获得了无数的荣誉。从他的执教理念里，我们能更深刻地理解“服从”这个词。

锋士·隆巴第告诉他的队员：“我只要求一件事，那就是胜利，夺取胜利就是你们参加比赛的唯一目标。在赛场上的每一分每一秒，要把胜利的信念烙进你们的脑子里，除了胜利，你们不要想其他的事情。”

“比赛就是不顾一切，你要不顾一切拼命地向前冲。你不必理会任何事、任何人，接近得分线的时候，你更要不顾一切。没有东西可以阻挡你，哪怕前面是一辆战车或一堵墙，或者是对方有 11 个人，都不能阻挡你，你要冲过得分线！你只能前进，不能后退。”

正因为有了这种坚强的意志、顽强的信心以及必胜的信念，绿湾橄榄球队的队员们始终保持着一往无前的士气。在比赛中，他们的脑海里除了胜利还是胜利。对他们而言，胜利就是目标，为了目标，他们奋勇向前，锲而不舍，没有抱怨，没有畏惧，没有退缩，不找任何借口。

锋士·隆巴第对绿湾橄榄球队的队员的要求如此苛刻，试想一下，如果队员们稍微对教练的执教方式有对立的情绪，从而放松了对自己的要求，在赛场上不努力，没有了拼搏精神，那么，胜利只能是属于比他们更拼命的对手。

赛场上如此，职场上也一样。如果不注意这一点，不但会给本人和上司造成麻烦，还将影响到整个团队业务的进展。

不找借口地服从并执行上级的指示，这才是企业所期望的好员工。如果在工作时不严格要求自己，对上级的要求视而不见，怀着消极的情绪去工作，不仅企业会受到非常大的损失，员工的发展也会受到很大的制约。

职场箴言

对立情绪要不得，以老板的心态对待公司，这是许多大企业正在倡导的一种企业文化。

工作就是一种责任

微软董事长比尔·盖茨说："人可以不伟大，但不可以没有责任心。"责任，是工作出色的前提，是职业素质的核心。一个人有了责任心，才能有激情、有忠诚、有奉献，才有成就一切事业的可能。一个缺乏责任的民族是没有前途的民族，一个缺乏责任的人是不可靠的人。一个缺乏责任的组织是注定失败的组织，不管这个组织看起来是多么的强大与可怕。

著名管理大师德鲁克说："责任保证绩效。"一个高效率的团队必然是由一群充满责任感的成员所组成的。对于员工来说，要提升工作的业绩，必须提高自身的责任感；对于企业来说，提高团队绩效的好方法就是提升员工的责任感。

一旦你踏上了任何一个岗位，即是你选择了一份责任、拥有了一份使命，承担职位赋予你的责任。一个没有责任心的员工，不会很好地完成他分内的工作。而一个没有责任心的领导，会将单位领入歧途，甚至是使企业失去生存的余地，从而走向崩溃的边缘。

英吉利海峡矗立着阿尔威船长的雕像。1870 年 3 月 17 日的那次航海，由于机件故障，导致船舱大量进水，就在人们惊恐万状的时候，阿尔威船长果断而沉着的指挥使所有乘客和船员井然有序地转移到救生艇上，而阿尔威船长却与客轮一起沉入了海底，他竟然忘了把自己列入待救的名单，这是何等的壮举啊。

在灾难来临时，阿尔威船长不顾个人安危，把责任发挥的淋漓尽致，正是这种责任感，这种敢于承担责任的举止，使他成为被人尊重的领导而名垂千古。

我们在工作中难免会遇到这样那样的问题，当遇到问题和困难的时候，要主动去寻找方法解决，而不是找借口回避责任，要坚信方法总比问题多。既然你选择了这个职业，选择了这个岗位，就必须接受它的全部，而不是仅仅只享受它给你带来的益处和快乐，就算是屈辱和责骂，那也是这个工作的一部分。

美国独立企业联盟主席杰克·法里斯讲起他少年时的一段经历。

在杰克·法里斯 13 岁时，他开始在他父母的加油站工作。那个加油站里有三个加油泵、两条修车地沟和一间打蜡房。法里斯想学修车，但他父亲让他在前台接待顾客。

当有汽车开进来时，法里斯必须在车子停稳前就站到司机门前，然后忙着去检查油量、蓄电池、传动带、胶皮管和水箱。法里斯注意到，如果他干得好的话，顾客大多还会再来。于是，法里斯总是多干一些，帮助顾客擦去车身、挡风玻璃和车灯上的污渍。

有段时间，每周都有一位老太太开着她的车来清洗和打蜡。这个车的车内地板凹陷极深，很难打扫，而且这位老太太极难打交道，每次当法里斯给她把车准备好时，她都要再仔细检查一遍，让法里斯重新打扫，直到清除掉每一缕棉绒和灰尘，她才满意。

有一次，法里斯实在忍受不了了，他不愿意再侍候她了。他的父亲告诉他说："孩子，记住这是你的工作。不管顾客说什么或做什么，你都要记住做好你的工作，并以应有的礼貌去对待顾客。"

父亲的话让法里斯深受震动，法里斯说道："正是在加油站的工作，使我学到了严格的职业道德和应该如何对待顾客，这些东西在我以后的职业经历中起到了非常重要的作用。"

那些在工作中推三阻四，老是抱怨、寻找种种借口为自己开脱的人，都应该牢记这句话：工作就是一种责任。

俗话说：人生在世，孰能无过。如果能够认识到自己的错误，要比逃避责任强 100 倍。因为你选择了一份工作，也就选择了一份责任，也就等于做出了一份承诺。一个有责任的员工，当他遇到困难和挑战的时候，他会爆发出强大无比的勇气和潜力承担起自己应有的责任。

1920 年的一天，美国一位 12 岁小男孩在踢足球时，不小心将邻居家的玻璃打碎了，房子的主人要求小男孩赔偿 15 美元，小男孩无奈之下回家告诉了父母事情的经过。虽然母亲一直为他说情，但是严厉的父亲却说，只是暂时借钱给他去赔人家，他以后自己想法还上。从此，小男孩在学习之余打工挣钱，由于他人小，不能干重活，他就到餐馆帮别人洗盘子刷碗，有时还捡捡破烂，经过几个月的努力，他终于挣够了 15 美元，并自豪地交给了父亲。父亲拍着他的肩膀说："一个能为自己的过失行为负责的人，将来一定会有出息的。"这位男孩就是美国前总统里根，里根回忆往事时，深有感触地说："那一次闯祸之后，使我懂得了做人的责任。"

责任心是做好一切工作的保障。你必须为你的行为负责，因为你做出的决定，就理应承担相应的责备和赞美。在工作中，谁都会有失误的时候，关键在于你对失误的态度。如果你只会一味地抱怨别人，而不从自己身上找问题，就会引起周围人对你的不满，这样不仅不利于自己的发展，而且也会影响到自己的人际关系。

只有学会承担责任，才会被老板欣赏重用。人才不是学历、不是知识、不是年龄甚至不是经验，而是"责任能力"！每个岗位都有重要的责任，企业里真正的人才就是忠实于岗位的人才，能把岗位责任一点一滴、一月一年地坚持做好、做到位的人，就是企业最优秀的员工。要想成就事业，就要从做好本职工作开始。对工作负责就是敬业，对企业负责就是忠诚，对客户和合作者负责就是守信。所以，只要我们不把借口随时随地地挂在嘴边，尽职尽责地完成自己分内的事情，就是承担责任的具体表现。

职场箴言

选择了一份工作，你就必须为这份工作负责。责任心是一个优秀员工必须具备的品质，也是公司发展必备的条件，责任高于一切。只有勇敢地面对，承担起自己应有的责任，企业的明天才会更美好。

敢于承担责任才能创造价值

责任与生俱来，每一个人都或多或少地承担着各方面的责任：身为家庭成员，我们必须对家人负责，才能收获温馨美好的生活；身为员工，我们必须对企业负责，以优秀的表现为企业持续健康发展做出贡献；身为社会公民，我们必须对自己的一言一行负责，以自身行为促进社会公平、正义、民主、进步。

英特尔总裁安迪·格鲁夫应邀对加州大学伯克利分校毕业生发表演讲时说："不管你在哪里工作，都别把自己当成员工，应该把公司当成自己开的。职业生涯除了你自己之外，全天下没有人可以掌控，这是你自己的事业。"的确，一旦意识到责任对自己的重要意义后，工作对你而言不再是赚钱的渠道、生存的需求，而是一种经营人生的方式，我们才能创造更多的价值。所以不要以为自己只是一名普通员工，其实你能否担当起你的责任，对整个企业而言，同样有很大的意义。

每位员工都在不同时间、不同地点扮演着不同的角色，每一个角色都意味着不同的责任。勇于承担责任是每位员工必须具备的优秀品质之一，它是你走向成功的铺路砖，只要你对任何事情都能承担起责任，勇于承担责任，你就不用再为自己的平庸而悲叹，终有一天它会帮助你大展宏图。

企业是由每一位员工组成的，大家有共同的目标和共同的利益，因此企业里的每一位员工都负载着企业兴衰成败的责任，这种责任是不可推卸的，无论你的职位高低。

一位零售业经理在一家超市视察时，看到自己的一名员工对前来购物的顾客极为冷淡，而且还很有脾气，令顾客极为不满，他自己却不以为然。这位经理问清缘由之后，对这位员工说："你的责任就是为顾客服务，让顾客满意，并让顾客下次还到我们这里来，但是你的所作所为是在赶走我们的顾客，你这样做不仅没有担当起自己的责任，而且还会使企业的利益受到损害。你懈怠了自己的责任，也就失去了企业对你的信任，一个不把工作当成是自己责任的人，就不能让企业把他当成自己人。你可以走了。"

这位经理最让人佩服的一点，就在于他没有把这个问题简单地看成是服务态度的问题，而是看到了服务态度背后更深层次的问题——责任。缺乏责任感的员工，不会视企业的利益为自己的利益，也不会处处为企业着想，为企业留住忠诚的顾客。解聘这样的员工，对员工来讲是一次教训，至少让他们明白，在任何一个企业，责任感是他们生存的根基。

美国总统小布什在就职演说中有这样一段话："正处于鼎盛时期的美国，重视并期待每个人担负起自己的责任。鼓励人们勇于承担责任，不是让人们充当替罪羊，而是对人的良知的呼唤。虽然承担责任意味着牺牲个人利益，但是你能从中体会到一种更加深刻的成就感。"

在企业里，要想赢得机会就必须勇于承担责任，因为领导越来越欣赏那些敢于承担责任的员工。

小刘和小王同在一家快递公司打工，由于公司内部的一次调整，他们被分为工作搭档。但是，就在他们合作不久后，一件事情却改变了两个人截然不同的命运。事情的经过是这样的：一次，小刘和小王负责运送一件很有价值的老古董。到了交货地点后，小刘把这个邮包递给小王的时候，小王却没有接住，而小刘以为小王接住了，就松手了，让他们都感到心惊的事情发生了，老古董掉在地上摔碎了。

回到公司之后，小王趁小刘不注意的时候，悄悄地来到了老板的办公室对老板说："这件事和我没有任何关系，是小刘不小心弄坏的。"随后，老板就把小刘叫到了办公室，问他："小刘，这到底是怎么回事？"小刘低着头把事情的原委都告诉了老板，最后小刘说："这件事是我们失职，我愿意承担责任。"老板明白整件事情的经过后，就让他先回去工作了。

后来，老板把小刘和小王都叫到了办公室，对他俩说："其实，古董的主人已经看见了你俩在递接古董时的动作，他跟我说了他看见的事实，我也看到了问题出现后你们两个人的反应。我决定，小刘留下继续工作，用你赚的钱来偿还客户。小王，明天你不用来工作了。"

在责任面前任何狡辩都是徒劳的，因为任何责任都必须有人去承担，也许你一时的借口骗过了老板，但是事情的真相会很快浮出水面，到那个时候恐怕你连后悔的机会也没有了。"伟大的代价就是责任。"二次世界大战期间，英国首相温斯顿·丘吉尔对此有过精辟地阐述。许多事实也都证明，一个认真负责、敢于负责、能够负责的人，其言行举止终将会获得广泛的认同和尊重，他会逐渐体现出个人价值，并最终促成自我目标的实现。

一个有责任心的员工绝对不会忘记"责任是职业的生命线"。社会学家戴维斯说："放弃了自己对社会的责任，就意味着放弃了自身在这个社会中更好地生存的机会。"工作中的精益求精会让我们个人的技能得以不断提升，个人竞争力得以不断加强。如果你能够敢于承担责任，领导就会佩服你的勇气，欣赏你的果敢。在同等条件下，你的机会就会比别人多很多。

职场箴言

责任和机会是成正比的，没有责任就没有机会，责任越大机会越多。富有责任感的员工都富有开拓和创新精神，他绝不会在没有努力的情况下就事先找好借口，他会想尽一切办法完成公司交给的任务，担负起自己应当承担的责任。不管被派向哪里，他都不会无功而返，都会在不同的岗位上让能力展现出最大的价值。

认清自己的岗位责任

每一个员工从灵魂深处都应该形成"岗位就是责任"这一价值观，履行好自己的岗位责任。因为只有坚持了"岗位就是责任"这一重要原则，只有动员企业中上至管理者，下至普通员工，都以承担自己的岗位责任作为自己的职场准则，企业才能赢得别人的信任和赞许，员工才能化被动为主动，更好地掌握自己的命运，拓展自己的职场前途。

学会承担责任，最基本的就是要熟悉自己的工作岗位责任，明确自己的工作范围。对自己工作责任内的任何事情，都要主动地去做，事事都由领导来安排的员工，最终只能被淘汰。其实，当一个人去完成一项工作时，实质上就是在履行一种契约，而责任感是履行契约的必要保证，它能促使一个人不仅准确无误地去完成工作，而且能使人将工作做得比要求的还要出色。

2008年发生在中国四川汶川大地震后的救援行动，就充分说明了这一点。不论是部队、民警、救援队、医务工作者，还是志愿者，所有参加救援行动的人员都怀着一种崇高的责任心和荣誉感，积极主动地投入抗震救险的行动中。因为大家都懂得，这是自己神圣的责任和义务。

在企业里，每个人都有自己的岗位责任，每一个岗位责任人都处在特定的责任岗位上，其基本的责任就是实现岗位责任的目标。岗位责任需要责任承担人具有强烈的责任角色意识，因为企业管理中出现的很多问题，譬如办事拖拉、效率不高、执行不力等现象，都与岗位责任人缺乏责任角色意识有关。

一个人一旦进入一个岗位，他的一个主张、一个意见甚至一举一动，都会对单位、对周围人员产生影响，只有心中时刻装着岗位，装着工作，清醒地认识到责任的重要性和必要性，才能不负重托，不辱使命。那些工作不思进取，对自己是一套，对别人又是一套的双重标准现象，都是极不负责任的表现。

优秀的员工一定要理解：岗位就是你应承担的责任，没有这样的意识就不可能做好工作，一定要注意以下几个方面：

首先，要调整好心态，不能对职场产生固有的偏见。如果带有这种片面的认识，将使部分不谙世事的学生对职场产生畏惧心理，以致走上工作岗位后缩手缩脚，顾虑重重。

其次，不要怕承担责任。世界著名的哲学家、诗人马尔克思说："存在的道理就是负责任——一种对自己和对他人的责任，只有付出责任，才能得到别人的尊重与关怀。"所以，我们要有责任感，当你对别人负起了责任，别人也同样会对你负起责任来。只有那些能够勇于承担责任的人，才有可能被赋予更多的使命，才有资格获得更多的荣誉。

再次，要树立团队责任意识，要把上司、同事看做是和你同舟共济的伙伴，大家都是一条船上的合作者。这是一个公司员工最容易忽视的问题，以为"自扫门前雪"就是学会了承担责任，这是不全面和不准确的。

一个人只有做好了分内的工作，才算是一个合格的员工。如果一个人连自己的工作都做不好，怎么能让他担当起更重要的责任呢?学会认清岗位责任，是为了更好地承担起自己应负的责任。只有知道了自己能够做什么时，才能将事情做得更好。

职场箴言

岗位给我们每一个人提供了发展的机遇，我们必须保持良好的心态珍惜每一个岗位，尽心尽责干好岗位上的工作，肩负起自己应该承担的责任。

决不能养成找借口的习惯

习惯是在不知不觉中养成的,是某种行为、思想、态度在脑海深处逐步成型的一个漫长的过程。因其形成不易,所以一旦某种习惯形成了,就具有很强的惯性,很难改变。

比如说寻找借口。如果在工作中以某种借口为自己的过错和应负的责任开脱,第一次可能你会沉浸在借口为自己带来的暂时的舒适和安全之中而不自知,但是,这种借口所带来的"好处"会让你第二次、第三次为自己去寻找借口,因为在你的思想里,你已经对这种寻找借口的行为习以为常。更不幸的是,你很可能就会形成一种寻找借口的习惯。这种习惯导致的后果就是工作拖拖拉拉,没有效率,不思进取,甚至放弃退缩,终身庸庸碌碌。这样的人不可能是好员工,他们也不可能有完美的成功人生,在公司里这样的人迟早会被炒鱿鱼。

小王是公司里的一位老员工了,以前专门负责跑业务,深得上司的器重。有一次,他手里的一笔业务让别人捷足先登抢走了,给公司造成了一定的损失。事后,他很合情合理地解释了失去这笔业务的原因,那是因为他的脚伤发作,比竞争对手迟到半个钟头。以后,每当公司要他出去联系有点棘手的业务时,他总是以他的脚不行,不能胜任这项工作作为借口而推诿。

小王的一只脚确实有点轻微的跛,那是一次出差途中出了车祸致伤的,留下了一点后遗症,根本不影响他的形象,也不影响他的工作,如果不仔细看,是看不出来的。

他第一次为自己找借口,上司比较理解他,原谅了他。小王好不得意,他知道这是一宗费力不讨好、比较难办的业务,他庆幸自己的明智,如果没办好,那多丢面子啊。但如果遇到比较好揽的业务时,他又跑到上司面前说脚不行,要求在业务方面有所照顾。结果,他把大部分的时间和精力都花在了如何寻找更合理的借口上,碰到难办的业务能推就推,好办的差事能争就争。

时间一长,小王的业务成绩直线下滑,没有完成任务他就怪他的脚不争气,总之,他已经习惯了因为脚的问题在公司里迟到早退,甚至工作餐时他还喝点儿酒,因为这样可以让他的脚舒服些。没有任何一个老板愿意要这样一个时时刻刻找借口的员工,所以小王被炒也是情理中事。

许多找借口的人,起初都有点自责,但是重复的次数一多,就变得无所谓了,原本有点良知的心变得越来越麻木不仁。在每一个借口的背后,都隐藏着丰富的潜台词,只是我们不好意思说出来,甚至我们根本就不愿说出来。借口让我们暂时逃避了困难和责任,获得了些许心理的慰藉,但是借口的代价却无比高昂,它会让你失去很多机会。

长期在公司底层挣扎,时刻面临着失业风险的中年人劳尔,来到公司老总卡尔德的办公室,他讲话时神情激昂,抱怨公司老总不愿意给自己机会。

“那么你为什么不自己去争取呢?”老总卡尔德问他。

“我曾经也争取过,但是我不认为那是一种机会。”劳尔依然愤愤不平。

“能告诉我那是什么吗?”

“前些日子,公司派我去海外分公司工作,但是像我这样的年纪,怎么能经受如此折腾呢。”

“为什么你会认为这是一种折腾,而不是一种机会呢?”

“难道你看不出来吗?公司本部有那么多职位,却让我去如此遥远的地方。我有心脏病,这一点公司所有的人都知道。”

老总卡尔德无法确认是否公司所有的人都知道劳尔有心脏病,他更倾向于认为劳尔犯了一种最严重的职业病:找借口病。

那些认为自己缺乏机会的人,往往是在为自己的失败寻找借口。而成功者则不善于也不需要编制任何借口，因为他们能为自己的行为和目标负责，并能享受自己努力的成果。

真正优秀的员工从不在工作中寻找任何借口，他们总是会积极主动地去把每一项工作尽力做到超出客户的预期，最大限度地满足客户提出的要求，而不是寻找各种借口推诿；他们总是出色地完成上级安排的任务，替上级解决问题；他们总是尽全力配合同事的工作，对同事提出的帮助要求从不找任何借口逃避、推托。

让我们改变对借口的态度，把寻找借口的时间和精力用到努力工作中来。与其成为一个人见人烦的找借口专家，还不如成为一个人见人敬的工作能人。

职场箴言

借口是自己最大的敌人，逃避了困难和责任，定会付出巨大的代价，坑害了自己。学会改变自己，千万别再找借口了。因为工作中没有借口，人生中没有借口，失败没有借口，成功更不属于那些寻找借口的人。

拥抱责任就会获得机会

不论在生活中还是工作中，每个人都扮演着不同的角色，承担着相应的任务，责任伴随着每一个人的一生。现在社会竞争越来越激烈，在工作和生活中遇到压力、困难、挫折时，有一些人会选择逃避，而有一些人则去选择面对。

其实，任何人都不希望自己在工作中出现这样那样的失误或者错误，但是“人非圣贤，孰能无过”。在工作中遇到困难、出现失误是经常发生的事情，都或多或少地会给企业带来一定的损失。此时，逃避责任是毫无意义的，也是极其愚蠢的行为。你必须为自己的行为、为自己的失误勇于承认错误，并且承担起相应的责任，积极地想办法进行补救，将损失争取降到最低。这点也正是优秀和平庸最显著的差别之处。

杰克到一家钢铁公司工作还不到一个月，就发现很多炼铁的矿石并没有得到充分的冶炼，一些矿石中还残留着没有被冶炼好的铁。如果这样下去的话，公司岂不是会有很大的损失。于是，他找到了负责这项工作的工人，跟他提出了这个问题，这位工人说："如果技术上有问题，工程师一定会跟我说，现在还没有哪一位工程师向我说明这个问题，这说明现在没有问题。"

杰克又找到了负责技术的工程师，但工程师很自信地说："我们的技术是世界一流的，怎么可能会有你说的问题呢?"但是杰克认为这是个很大的问题，于是他拿着没有冶炼好的矿石找到了公司负责技术的总工程师，他说："先生，我认为这是一块没有冶炼好的矿石，您认为呢?"

总工程师看了一眼，说："没错，年轻人你说得对，哪里来的矿石?"

杰克说："是我们公司的。"

"怎么会，我们公司的技术是一流的，怎么可能会出现这样的问题?"总工程师很诧异。

"工程师也这么说，但事实确实如此。"杰克始终坚持着自己的看法。

最后，总工程师召集负责技术的工程师来到车间，果然发现了一些冶炼并不充分的矿石。经过检查发现，原来是监测机器的某个零件出现了问题，才导致了冶炼的不充分。

公司总经理知道了这件事之后，不但奖励了杰克，而且还晋升杰克为负责技术监督的工程师。

对于一个企业来讲，人才是重要的，但是更重要的是真正有责任感的人才。因为缺乏责任感的员工，不会视企业的利益为自己的利益，也就不会因为自己的所作所为影响了企业的利益而感到不安，更不会处处为企业着想。

一家销售电脑的公司里，老板吩咐三个员工去做同样的一件事情：去供货商那里调查一下电脑的数量、价格和品质。

第一个员工只去了5分钟就回来了，他并没有亲自去调查，而是向下属打听了一下供货商的情况，之后就回来汇报给了老板。30分钟之后，第二个员工也回来了，他亲自到供货商那里了解了一下电脑的数量、价格和品质。第三个员工过了90分钟之后才回来做汇报，原来他不但亲自到供货商那里了解了电脑的数量、价格和品质，而且还根据公司的采购要求，把供货商那里最有价值的商品做了详细的记录，另外他还去了两家供货商那里了解了一些情况，把三家供货商的情况作了详细的比较，并制定出了最佳的购买方案。

结果第二天公司开会，第一个员工被老板当着大家的面就训斥了一顿，并得到了警告，如果下次再犯这样的错误，公司将马上开除他。第三个员工因为对工作负责，当然得到了老板的赞赏和奖励。

老板都知道自己需要什么样的员工，哪怕你只是一个默默无闻、很不起眼的小职员，只要你能够担负起自己的责任，那么你就是老板最需要的员工。我们应该具备一双睿智的眼睛去发现责任，去积极主动地承担责任。在承担责任中体现自己的忠诚，使自己获得更多的认可和信任，进而实现自身价值。

社会学家戴维斯说："自己放弃了对社会的责任，就意味着放弃了自身在这个社会中更好生存的机会。"同样，如果一个员工放弃了对公司的责任，也就放弃了自己在公司中获得更好发展的机会。若想成为一名优秀的员工，你就应该全身心地投入到自己的工作中去，并承担起所有的责任。

职场箴言

在工作中，出现错误是难免的。与其逃避责任，还不如勇敢地、主动地去承担责任，这样既消除了自己内心的恐慌与不安，也弥补了错误的损失，从而赢得别人的肯定。切记：拥抱责任就会获得机会。

第五章 团结的团队战无不胜

随着市场竞争的日益激烈，企业更加重视和强调团队合作精神，以争取更大的效益。不论企业大小，都需要团队的合作，这样才能在世界上站稳脚跟。虽然在一定程度上团队的合作与领导者的决策有关，但是，高效的团队主要还是团队成员之间共同努力的结果。

优秀员工相信团队合作能产生奇迹，并且总是致力于创造团队合作的奇迹，总会在团队中找准自己的位置，积极主动地与团队成员协作，为了共同的目标，为了创造团队奇迹而奉献自己。

集体荣誉感是强大的动力

集体荣誉感是对集体的热爱、对身边人的关心，这是一种积极的心理品质，是激发人们奋发上进的精神力量。集体荣誉感是集体凝聚力的来源。我们不能说没有集体荣誉感就没有集体，但我们可以肯定的是没有集体荣誉感会导致集体走向分崩离析。

“责任、荣誉、国家”是美国西点军校著名的校训。200年来，西点之所以能培养出那么多杰出人才，秘密就在于此，它使西点军校培养出了无数具有强烈的责任感、荣誉感和献身精神的精英。这些精英人物进入商界后，依然秉承这一理念，把“责任、荣誉、国家”作为其企业文化的核心，培养出一批具有荣誉感和责任感、道德品格高尚的员工，从而建立起自己杰出的团队，打造出富有巨大生命力的世界一流企业。所以“责任、荣誉、国家”已经成为众多企业的核心价值观，正是这种精神力量的召唤，才造就了最优秀的团队，也培养出了最优秀的员工。

作为一名员工，当你不再仅仅为金钱，也为集体荣誉而工作时，内心的感受和你的行动都会产生巨大的变化。有没有集体荣誉感，集体荣誉感的大小，对工作的执行和结果具有决定性作用。

在这个讲求合作的时代，一个人要想成就自己的事业，单枪匹马注定是不可能的，正如一滴水就算有再大的本领也推动不了帆船，挽救不了禾苗，只有融入到大海中才能让帆船自由地航行，只有融入到小河中，才能使禾苗重现生机。与此道理相同，一个人要想成功，就必须融入到团队之中，只有在团队合作的基础上，才能使自己的才能和智慧发挥得淋漓尽致，才能最大限度地实现人生的自我价值。作为团队中的一员，就要时刻保持着集体荣誉感，以集体的荣耀为荣，以集体的耻辱为耻，集体的利益就是自己的利益。只有心中充满了对集体荣誉的敬仰，你才会有一颗感恩集体的心，才会有成就的满足感，才会更加懂得珍惜今天所拥有的一切。

有集体荣誉感的员工会顾全大局，以集体利益为重，绝不会为个人的私利而损害公司的整体利益，他们甚至为集体的利益不惜牺牲自己的利益。他们知道，只有公司强大了，自己才能有更大的发展，他们明白唇亡齿寒，皮之不存、毛将焉附的道理。如果一个员工对自己的工作有足够的荣誉感，对自己的集体引以为荣，他必定会焕发出极大的工作热情。事实上，往往是那些有集体荣誉感的员工才敬业爱岗，踏实肯干，才有可能被真正地委以重任。具有集体荣誉感的人，在任何一个集体中都会受到欢迎和尊重。

有了集体荣誉感，才会有敬业。具有集体荣誉感的员工都具有强烈的责任心，集体荣誉感可以衍生人对集体的归属感和责任感，使员工更加珍惜和热爱自己的本职工作，兢兢业业，尽职尽责，敬业爱岗。

有了集体荣誉感，才会有进取。有了集体荣誉感，员工才有自我修炼的渴望，团队才能形成比、学、赶、帮、超的良好氛围，团队成员才能不断增强其自我约束、自我完善、自我发展、自我提高的意识。

有了集体荣誉感，才会有合作。集体荣誉感能增强团队的协作力，有了集体荣誉感，工作才会不分分内分外，工作起来才能互相协作，紧密配合，相互支持。

集体荣誉感是一种强大的推动力，通过成就创造荣誉，通过荣誉感取得更大成就。集体荣誉感会激励我们为实现目标而努力，所以,集体荣誉感和自豪感是一个团队战斗力的真正来源,一个没有集体荣誉感的团队是没有希望的团队,一个没有集体荣誉感的员工,也不会成为一名优秀的员工。集体荣誉感是团队的灵魂,对企业的意义非同小可。每一个企业都应该对自己的员工进行集体荣誉感的培养,每一个员工都应该唤起心中对自己的工作的集体荣誉感。

职场箴言

一个强大的集体,总有一种根深蒂固的集体荣誉感,它是团队持续健康发展的有力保证。每一个员工都应该唤起对自己所在团队的集体荣誉感。

团队合作最重要

团队合作是一种为达到既定目标所显现出来的自愿合作和协同努力的精神。它可以调动团队成员的所有资源和才智,并且会自动地去除所有不和谐和不公正现象,同时会给予那些诚心、大公无私的奉献者适当的回报。

在企业管理学中有这样一个案例:狼是群动之族,攻击目标既定,群狼则群而攻之。头狼号令之前,群狼各就其位,各司其职,嚎声起伏而互为呼应,默契配合,有序而不乱。头狼昂首一呼,则主攻者奋勇向前,佯攻者避实就虚而后动,后备者厉声而嚎以壮其威……

独狼并不强大,但当狼以集体力量出现在攻击目标之前,却表现出强大的攻击力。在狼成功捕猎过程的众多因素中,严密有序的集体组织和高效的团队协作是其中最明显和最重要的因素。如果你缺乏团队合作精神,会给你的职业生涯带来不利的影响。

在网上看到这样一位员工的自述。

我大学毕业后留在了北京。一家广告公司招工的时候，我通过笔试和面试后被留了下来。

试用期间，总经理对我们同时应聘的6个人说："试用期满，将在你们中间选一名业务主管。"听了总经理的话，我更是雄心勃勃，发誓要当上业务主管。

然而，要想当上业务主管就必须战胜同来的5个同事。在短短的3个月里要凸显自己的业绩，仅靠埋头苦干是不行的，我必须凭借聪明才智苦干加巧干。此后，我开始利用网络的优势进入广告设计网，博览别人的设计创意并频频跟网络设计高手交流。我想，这样的学习过程，其他5个同事同样能做到，我的优势不一定能凸显出来。为了确保自己能超过他们，我开始向5个同事学习，而他们向我请教问题的时候，我每次都把自己独到的见解藏起来，只说一些能在网上查询到的观点。我常常自我安慰说，我并没有伤害他们，我只是努力提高自己而已。

试用期满，我的业绩果然比他们5个人突出。我想，业务主管一职肯定非我莫属。然而，总经理的决定却让我大跌眼镜，我不仅没能当上业务主管，还被公司淘汰了。总经理平和地说："我们公司之所以能有今天，主要靠的是团队合作精神，因此，在我们公司里能跟同事共同提高的人，才是最理想的人选。"

原来，总经理对我的所作所为明察秋毫，我第一次感到团队合作原来是如此重要。

在职场中，你每天都要和形形色色的人打交道，你必须要通过与其他人合作来完成自己的工作任务，你是否具有团队精神，直接关系到你的业绩。一些大公司招聘人才时，十分注重人才的团队精神，他们认为一个人能否和人相处且相互协作，要比他个人的能力重要得多。

可见，在专业化分工越来越细，竞争日益激烈的今天，靠一个人的力量是无法面对千头万绪的工作的，你永远的角色不是一个"独裁"者，而是一个"拍档"。不要认为自己无所不能，你时刻需要协作，即使是印一张表格，也得需要文印员帮你的忙。你必须树立合作精神，就像经营自己的婚姻一样对待你的“拍档”，这是你成为一个出色“拍档”的开始。

在美国加利福尼亚州一家谷物加工厂，一组夜班员工自行制订生产计划、自行操作维护设备，这个小组运作非常成功，无需严密监控。

联邦快递的几个员工发现开票过程有问题，每年给公司造成210万美元的损失。他们没有循规蹈矩地告诉管理人员：“这里有个问题，你们看着办吧”，而是集体想办法解决这个问题。

所以，充分发挥团队力量，就一定能取得卓越的成效。因此，所有员工都必须全心全意去精诚合作。

职场箴言

古人云：人心齐，泰山移。只有大家紧密团结，为了共同的目标而注入自己的生命活力，相互协作，相互宽容，这股凝聚的力量将劈波斩浪，到达胜利的彼岸。

树立团队合作意识

树立团队合作意识非常重要，日本人和美国人的合作性非常强。有人形容过中国人“单个人都像一条龙，而合在一起却像条虫”，这就是我们中国人常犯的错误，这是我们的弱点，所以我们在工作中一定要控制自己的个人主义，善于与人合作。

企业员工不但要做好自己的事，而且还要善于与周围的人合作。如果员工都没有团队至上的意识，那么就会造成公司内部像一盘散沙的局面，出现了问题而没有人愿意去承担相应的责任，导致一项任务在很长时间里没有完成等情况。因此，对于一个集体、一个企业，甚至一个国家来讲，团队精神是非常重要、非常关键的。

俗话说“同心山成玉，协力土变金。”当今社会竞争日趋激烈，各种知识、技术不断推陈出新，社会需求越来越多样化，单靠个人能力已很难完全处理各种错综复杂的问题。要想达成切实高效的行动，则需要建立合作团队进行必要的行动协调，开发团队应变能力和持续的创新能力，依靠团队合作的力量去创造奇迹。

世界知名企业微软公司在美国以特殊的团队精神著称。像Windows2000操作系统的研发，微软有超过3000名开发人员和测试人员参与，写出了5000万行代码。如果微软没有一个高效统一的团队，没有全部工作人员的默契合作与分工，这项艰巨的任务恐怕至今也无法完成。

所以，一个企业要想高效地完成一项复杂的任务，必须组建一个高效的团队，培养员工的团队意识，树立团队意识至上的信念。

有一家软件公司前不久提升了两位年轻的技术职员做公司的技术主管。其中一位主管感觉自己责任重大，现在技术进步日新月异，部门中还有很多问题没有得到解决，既有压力，也感到紧迫，所以每天都埋头学习相关的知识，钻研技术文件，加班加点解决技术问题。他认为问题的关键在于，他是否能向下属证明自己在技术方面的出色。

而另一位主管也同样认识到了技术的重要性和自己部门的不足，因此他花很多的时间向下属介绍自己的经验和知识，遇到问题一起解决，并积极地与相关部门联系和协调。

三个月后，两位主管都非常出色地解决了部门的技术问题，而且前一位主管的成绩似乎更为突出。但半年后，这位主管发现问题越来越多，自己越来越忙，但下属对他似乎并不满意，顿时他觉得很是委屈。而另一位主管却得到了下属的拥戴，部门士气高涨，不仅解决了问题，还搞了一些新课题。

可见，如果没有一个合作的团队，即使你的能力再强、再出色，在这个社会分工越来越细、工作却越来越复杂的社会中，你也不可能把所有的工作完成，更别说做的出色了。但是如果能够与自己的成员相互信任，相互配合，相互欣赏，努力去发现别人的优点，那么团队的成功也就是自己的成功。

但在现今社会中，一些员工的最大问题恰恰是不能顾全大局。他们把自己的利益看得非常重要，却看不到整个公司的困境；他们每天单枪匹马、独领风骚，在工作中出尽风头，却从未想过共同进步、集体协作。这样的人受不了委屈，往往为了自己的一时之快而损害了团队的利益。正是这种狭隘的个人主义思想，加速了企业的衰落直至倒闭。

有一位厂长公开批评了手下的一个副厂长，第二天，这名副厂长突然向厂长提出辞职。厂长经过慎重考虑后，便郑重地在辞职书上签了字。可是这个副厂长后悔了，他闹到董事长办公室，说是在开玩笑，要收回辞职书。厂长坚持不同意收回，并向公司提出如下意见：这名副厂长工作十分优秀，可就是不能委曲求全，受了点小委屈就闹着要辞职，不能顾全大局。最后，这位副厂长被辞退了。

不要把自己的个人利益凌驾于集体利益之上，不要为了自己的利益去损害他人的利益。在这个既合作又竞争的时代，团队成员之间的竞争是合情合理的，但是不要因为一己之私，而给整个团队造成重大的损失。不论你处于团队中的什么位置，都要树立团队意识，为团队的发展尽职尽责。因为服从大局是团队协作精神的具体体现，具有这种精神的人最值得我们敬佩。

职场箴言

不管一个人的本事多大，依靠一己之力是很难成功的，只有通过团队合作，才能克服并战胜前进道路上遇到的重重困难和阻碍，取得最后的胜利。

优秀员工要主动培养团队精神

团队是由员工和管理层组成的一个共同体,它合理利用每一个成员的知识和技能协同工作,解决问题,达到共同的目标。团队的重点在于协调和合作,在于默契的配合,在于发挥每个人的全部潜能,在于创造高绩效。所以团队精神反映的是一个人与别人合作的精神和能力。

在企业中,每一项工作都需要许多人互相配合,如果一个人只知道单打独斗,而没有团队合作的精神,这样的人是无法真正发挥自己的能力的。IBM人力资源部经理说:“团队精神反映了一个人的素质,一个人的能力很强,但团队精神不行,IBM公司也不会要这样的人。”

不论对于企业还是个人来说,团队精神都是创造卓越业绩的基础,都是成长和发展的基石,都是获得机会的重要保证。那么怎样去培养团队精神呢?

1.看清自己的位置

一个好的团队就像一部设计精密的机器,每个成员都有自己独特的定位,都有自己最主要的工作。只有每一位团队成员都认清了自己的位置,明白了自己的主要任务,团队这部机器才能正常运转。若对自己的位置认识不清,看不清工作的重点,团队就会一团糟。所以,在加入一个团队之后,一定要给自己正确定位,找准自己的位置。

2.善于欣赏他人的长处

一个人只有把自己融入集体中,才能最大程度地实现个人价值,完善自己的人生。任何成绩的取得都是与他人协作的结果,不管你所处的是一个软件开发团队，还是销售团队都是如此。我们只有融入团队才会实现自我业绩的突破，而融入团队的前提就是欣赏他人的长处。

在团队中，每个人都会有长处和短处，只关注缺点很容易导致团队成员间的矛盾，从而破坏团队成员间的和谐关系，影响团队合作。只有采用欣赏的态度，对于他人的长处大声赞美，这样才能很好地体现出团队精神。

3.认同团队的使命

团队精神是一种心灵的力量，它来自于团队成员对于使命的认同。如果无法认同团队使命，不管有怎样丰厚的薪水激励或有怎样严厉的惩罚，也不会激发起人们的工作激情，更不会对团队产生向心力和凝聚力，无法创造出卓越的业绩。因此，具有团队精神的前提就是对团队使命的认同。

众所周知，微软造就了数以万计的百万富翁，但是，这些百万富翁雇员并没有在经济独立之后离开微软，他们仍然在各自的岗位上奋斗，即使是要承受每周60小时的高强度工作也不改变初衷。这究竟是为什么？因为微软的团队使命为这些百万富翁们深深认同，并因此而具备完全超越自我的团体意识。这种强烈的团队精神使微软在激烈的市场竞争中不断壮大。

现代的公司都非常注重员工的团队精神。很多公司认为，员工的团队合作精神是所有技能中最为重要的一种，如果每一位员工都具备团队合作精神，企业不仅可以在短期内取得较大的效益，而且从长远来说也十分有利于企业的发展。

所以，一个企业要想高效地完成一项复杂的任务，必须组建一个高效的团队，培养员工的团队精神，树立团队精神至上的信念。只有团队的目标达到了，团队的业绩提高了，自己的才能才会被最大限度地发挥出来，人生的价值才能真正地体现出来。

职场箴言

团队精神已成为企业最为重要的价值观和理念，并将其作为了员工晋升的重要指标。所以，你若想成为优秀员工，就要主动培养团队精神。

学会分享，不独占团队成果

团队就好像是棵果树，不仅在幼年的时候需要保护，在果实累累的时候也需要巩固和培育。而与他人分享成功，是进一步团结他人的最好方式。

曾经看到这样一个小故事。

有一群猴子，发现高高的悬崖顶上有一串熟透了的果子，悬崖太陡峭了，仅仅靠一个猴子的力量是无法摘到果子的，于是猴子们团结起来，一个踩着一个的肩膀搭起了“梯子”，这样，最上面的猴子摘到了果子。

摘到果子的猴子忘记了，自己之所以能摘到果子，完全是大家团结合作的结果，它独自在悬崖上大嚼起来，丝毫不理会下面的猴子，下面的猴子生气了，撤去了“梯子”，最上面的猴子吃完了所有的果子，却怎么也找不到下来的路，最后饿死在悬崖上。

在大家合作的情况下，最上面的猴子摘到了果子，本来这是大家共同努力的结果，但是最上面的猴子却起了私心，把大家共同努力得到的成果占为己有，独自享用满树的果子，把大家的努力忘得一干二净。这样做也许短期内得到了好处，但是从长远来看就会付出很大的代价。

其实，在工作中也是如此，很多企业在发展艰难的时候，员工们往往可以众志成城，团结一心，共渡难关，可是在取得了一定的成绩之后，原本团结的局面却往往会出现裂痕，这种可以同患难却不能共富贵的怪现象，几乎困扰着每一个企业，这究竟是什么原因造成的呢？很多人认为，这是因为企业员工素质差，嫉妒心重。其实不然，真正的原因就是大家不懂得分享，没有一种职业化的团队意识。

我们来看看下面这则故事，或许对此会有一些感悟。

有三只饥饿的老鼠相约一起去某地偷油喝，到了目的地后，它们发现油缸非常深，而油却在缸底。后来它们想到了一个好办法，通过测量，三只老鼠发现它们首尾相接的长度恰好比油缸边沿到油层的距离长出一些。于是它们决定排成一队，然后一只咬着另一只的尾巴，依次被吊下缸底去喝油。这样一来，大家都能喝到一点油。它们约定：大家必须有福同享，谁也不可以有私自独享的想法，前面下去的一定要给后面下去的留下一定的油。最后，为了确保公平，它们又通过一种简单而又公平的游戏决定了彼此之间的顺序。

三只老鼠开始了偷油行动。小老鼠很快就在同伴的帮助下沿着缸壁吊了下去，吊下去之后，小老鼠闻到了浓烈的油香味，它忍不住在里面贪婪地喝了起来，它一边喝一边想：就这么一点点油，如果大家一起分，那都只能喝一小点儿，倒不如我自己先喝个痛快！这样想着，小老鼠更加用力地喝着油。第二只老鼠一边看着小老鼠喝油一边想：油越来越少了，如果让前面的小老鼠喝光了，那我岂不是白忙一场？与其眼睁睁地看着它把油喝完，还不如我也下去痛痛快快地喝上一些，那种感觉真是妙不可言呢！带着这种想法，第二只老鼠很快就松开了第一只老鼠的尾巴，纵身一跃，一头扎进了油缸，开始大口大口地喝起油来。在第二只老鼠往下一跃的同时，吊在最上方的第三只老鼠也怀着同样的想法跳进了油缸。

就这样，三只老鼠全都跳进了油缸里，它们一心想着尽可能地多喝一些油，不要让同伴抢走到口的美食。其实，油缸里的油足够这三只老鼠喝个饱，等到三只老鼠个个喝的肚皮滚圆，心满意足地准备回家时，才发现它们无论如何也不能爬出油缸，结果被困死在油缸里。

团队是一个整体，缺少了哪一部分都无法称之为团队，也许有的员工在团队的成果中没有做出直接的贡献，但是也不能把他遗忘，也许正是他的某一个环节才促使了整个工作的顺利完成。所以，当你是团队中的一员，就要学会分享劳动成果，个人的发展离不开团队的支持，团队的壮大也离不开个人的努力，只有相互依存，才能达到双赢的局面。

如果公司的销售额翻了三番，却只有销售人员得到奖励，那么就很可能出现物流部说无法及时送货、财务部说无法及时开票的情况。所以，获得奖牌的足球队，每个人都会上台领奖，包括从未上场的替补队员。

迈克尔·乔丹在结束自己的篮球生涯时说："别人总是说，我站在篮球世界的顶端，每当听到这样的赞美，我都感到恐慌。因为我取得的所有成绩都是和队友们以及教练一起努力的结果，还有赞助商以及支持、鼓励我们的球迷们，荣誉属于我们每一个人，我只是很幸运地作为代表，一次次地领取奖杯。"是啊，如果在篮球场上没有众多队友的相互配合，乔丹的能力、技巧再强，恐怕在对方的进攻中也不能发挥，正是因为队友的配合，才使得乔丹一次又一次的胜利；如果没有广大球迷们的支持和喝彩，即使你做得再好，那也只是自己和自己演的一场戏，毫无意义，正是因为有了球迷们，才使得乔丹和队友们获得如此的荣誉和成功。

在一个山村，有个农民不安于现状，对自己的玉米收成很不满意。他私下打听，买来优质的玉米种子播种下地，第二年果然大获丰收。他的邻居在惊羡之余，都请求他能卖些新种子给他们，可是，这个农民为保持自己的优势，断然拒绝了大家的请求。

不知为什么，从第三年开始，这个农民的玉米收成差了，到了第四年，更是明显地减少。最后，他找到了原因：原来自己的优质玉米，接受的却是邻人田中劣等玉米的花粉。

一个人无论什么时候，都不可能单枪匹马获得成功，只有和别人组成集体并融入到团队中，才能发挥自己的才能，取得最终的胜利。

职场箴言

成绩应归功于团队，好的东西就要尽量与别人分享，因为分享才能避免劳而无功，独占易起纷争，分享才能共利。

自己是团队中的一员

雷锋说过："一滴水只有放进大海里才永远不会干涸，一个人只有当他把自己和集体事业融合在一起的时候才能最有力量。"一滴水要想使自己永远都不干涸，那么唯一的办法就是让自己融入浩瀚无边的大海之中。这就好像企业的一个员工，要想在自己的岗位上干出一番成绩，就必须融入公司的团队中去。

管理大师罗伯特·凯利曾说：企业的成功靠的是团队，而不是个人。的确，在这个充满着竞争的商业社会里，可以说没有任何一个人能够拥有他所需要的全部资源，并能独立地去完成所有的事情。每个人只有依靠团队的力量、他人的智慧，才能使自己立于不败之地。

美国著名的管理学家约翰·C·马克斯韦尔曾在他书中这样写道："世界杯中大部分、甚至全部打进的球、好看的球，都是配合的结果，都是团队协作的结果。即使是最有名的球星也需要打配合。"

当今孤军奋战的时代已经结束了，只有团队的竞争力才能决定一个企业的未来。所以，只有整个公司的成员协作起来，才能顺利地完成最终的目标，同时在完成任务的过程中，每一位员工的才能和特长才能被发挥出来，自己的价值才能在团队中得以体现。

小王是国内一家知名大企业的员工。在上大学的时候，他是学校里的才子，专业精通，才华横溢。毕业的时候，他在学校的大力推荐下进入这家企业，但是，令人百思不得其解的高材生，在进入公司不到半年的时间就被解雇了。

究其原因，由于这家企业规模很大，内部可谓是人才济济，每一位员工都很优秀。公司每周都有一次例会，让大家在一起讨论公司的计划。在每次的例会上，小王总是夸夸其谈，把自己的想法和计划尽最大努力展现给领导，全然不顾自己只是一个刚从学校里出来，还没有多少社会和工作经验。因为他觉得自己在学校里是公众人物，大家都崇拜他，在这里他也是一个人才，大家都不及他。

公司里一些经验丰富的老员工所提出的建议，都会被他反驳得一无是处，刚开始的时候，老板还特别欣赏这位年轻人的大胆和勇于表现自己的精神。但是在采纳了几条他提出的建议之后，发现他只是个好高骛远，空谈理论，自以为是，没有实际工作能力，除了老板，把谁也不放在眼里的人。

由于在公司里他初来乍到，又如此张扬地表现自己，导致在同事中的口碑很差。同事们都承认他有一定的工作能力，但是他太把自己当回事，太不把别人放在眼里了，不能听取那些有经验的同事的意见，跟大家格格不入。于是，在一次次的创意被否定之后，上司不再欣赏和信任他，他的那些抱负最终都难以实现。

团队是合作的最高形式，团队合作早已成为一种艺术。实践证明：一个员工只有努力加强自己的团队意识，发挥合作的力量，才能激发出“与公司共命运”的团队荣辱感，才能更好地去完成自己的工作，去帮助别人、帮助企业赢得更大的胜利。因此，我们没有理由不把团队当成自己最重要的一条生命线。没有了团队这个平台，我们就会像断线的风筝，诚惶诚恐，飘浮不定。所以，我们要时刻记住自己是团队中的一员，只有通过团队才能实现自己的价值和目标。

职场箴言

在工作中，我们不再是一个单纯的生命个体，而是一个整体，一个团队。只有对团队拥有强烈的归属感，强烈地感觉到自己是团队的一员，才会真正快乐地投身于团队的工作之中，体会到工作对于人生价值的重要性。

融入团队的员工才是好员工

有这样一则寓言故事：

一只乌鸦在觅食时看见一只猫头鹰飞了过来。大白天见到猫头鹰真是一件怪事，于是乌鸦问道："猫头鹰老弟，你这么匆忙，要赶往哪里呀？"

猫头鹰说："我呀，正在搬家呢！我要搬到西边的树林去。"

乌鸦感到不理解："好好的搬什么家呀？"

猫头鹰回答说："你哪里知道我的苦衷啊。我喜欢在夜里唱歌，东边的动物都讨厌我。它们嫌我不睡觉，还说我的歌声难听，吵得它们不能安心睡觉。我不跟它们一般见识，所以就主动往西边树林里搬。"

乌鸦一听就明白了，于是对猫头鹰说："你就是搬到西边的树林还会被赶出来，说起来咱俩的遭遇还真有点相似。我以前也是爱唱歌，虽说不像你那样在夜里，但也同样得罪一帮人。后来我想明白了，这不怪别人，而全在我自己。就拿你来说吧，你本来可以白天工作，晚上睡觉，和其他动物一样。如果尝试后还不行，你还可以不在晚上唱歌，若是一时嗓子痒想一展歌喉，那就尽量唱一些轻柔好听的歌。如果这三个本质问题都能够改变的话，你就会受到欢迎，而根本用不着到处搬家。"

当你与同事格格不入，不能融入他们中时，不要急着从别人的身上找原因，而是从自己身上找原因。如果自己的性格、习惯、思想无法与同事找到相同点，就要积极地去改变自己，使自己能够很好地融入到大家的生活中，与大家和谐地相处。

李峰在学校时是班上的优等生，参加工作后，常常恃才傲物，个性强硬。当时和他一起进入公司工作的还有张磊，张磊和李峰一样也非常优秀，然而到了公司之后，他看到身边的人都很踏实地工作，于是就开始收敛自己，连喜欢抽烟的毛病也都改掉了，他还主动热情地和同事们交往，很快就赢得了大家的喜欢。

到年终评选优秀员工时，由于业绩优秀和同事们的支持，张磊受到了表彰。李峰也非常努力地工作，业绩甚至比张磊还好，可是由于他与同事们关系处得不是太好，上司不喜欢他，在评选时他一票也没得到。

李峰认为自己不受重视，感觉英雄无用武之地，因此离开了这家公司，但他对自己后来所找的工作都不太满意，因此懊恼不已。其实，他失败的根本原因在于没有很好地融入到团队里。

现代企业所组成的团队，都是因为大家有着共同的目标，有着共同的行为标准，进而才能创造出奇迹般的价值。在团队中，如果你自高自大，认为别人都不及你，指手画脚、目中无人，这样只能使别人渐渐地疏远你，不愿再与你合作，完全把你孤立起来，当你遇到困难和阻碍时就会变得束手无策。因此，在团队中要注意培养与同事之间的感情，与同事分享工作的成果，与每一位同事保持良好的人际关系，千万不要成为同事心中的"刺头"，那样的境地是很危险的。

有一位能力很强的员工，在一次与客户的谈判中表现突出，为公司创造了良好的效益，并受到总经理的高度赞扬。没想到，他从此便不和同事们交往、沟通了，一副自高自大、目中无人的样子，在公司里独来独往。这位员工的态度使得同事们渐渐疏远了他，谁都不愿意与他合作。于是，他成了被孤立的人，在许多事情上都陷入极其尴尬的境地。后来，由于他判断失误给公司造成了巨大的损失，最后很不体面地自行辞职离开了公司。

这位员工的能力不可谓不强，但他在取得成绩后便骄傲起来，没有融入到团队中去，结果自讨苦吃。所以，优秀的员工在取得成绩、拥有荣誉时都会戒骄戒躁，因为只有这样，你才能与同事们相互支持、帮助。在团队里，如果你被孤立起来，那将是件很危险的事。

如今，每一项工作的程序化都很强，所以，员工之间的相互配合已经成为一种必备的素质。对企业来说，只有善于协作的团队，才有旺盛的生命力，才能为公司创造巨大的效益；对个人而言，只有融入到团队中，才能实现自己的人生价值。

职场箴言

企业组建团队的目的是为了能够产生更高的效益和利润，只有团队中的每一位成员积极地参与，共同解决面临的问题，才能保证高效的生产率和过硬的产品质量。所以企业需要团队精神，要求成员必须积极融入到团队中。

团队合作创造奇迹

一个哲人曾说过这么一段话，大意是：你手上有一个苹果，我手上也有一个苹果，两个苹果交换后每人还是一个苹果。如果你有一种能力，我也有一种能力，两种能力交换后就不再是一种能力了。

这段话的寓意适用到职场上，就是说：如果你在工作中善于合作，取人之长，补己之短，你的能力将会不断得到提高。那么，你也将会做出应有的业绩，脱颖而出，获得上司的赏识。

有人曾经做过这样一个实验：

把六只猴子分别关在三间空房子里，每间两只，房子里分别放进一定数量的食物，但放的位置高度不一样。

第一间房子的食物就放在地上，第二间房子的食物分别从低到高悬挂在不同高度的适当位置上，第三间房子的食物悬挂在房顶。

数日后，他们发现第一间房子的猴子一死一伤，伤的缺了耳朵断了腿，奄奄一息；第三间房子的猴子都死了；只有第二间房子的猴子活得好好的。

探索原因，第一间房子的两只猴子一进房间就看到了地上的食物，于是，为了争夺唾手可得的食物而大动干戈，结果伤的伤，死的死。

第三间房子的猴子虽做了努力，但因食物太高，难度过大够不着，被活活饿死了。

只有第二间房子的两只猴子先是各自凭着自己的本能蹦跳取食，最后，随着悬挂食物高度的增加，难度增大，两只猴子只有协作才能取得食物，于是，一只猴子托起另一只猴子跳起取食。这样，每天都能取得够吃的食物，很好地活了下来。

有句古话叫“三个臭皮匠，胜过诸葛亮”。然而，三个臭皮匠到底凭什么能够取胜足智多谋的诸葛亮呢？难道仅仅是由于臭皮匠的人数多吗？我想肯定不是，因为人多并不一定力量大。其实，主要是因为他们的相互协作和共同努力，就像第二间房子里的两只猴子一样，只有团结合作才能创造奇迹。

20世纪六七十年代，日本创造了经济腾飞的奇迹，迅速成为世界经济大国。客观而言，日本国土狭小，物质也不丰富，然而，仅在短短的二三十年间就一跃成为世界第二大经济强国，着实让人觉得不可思议。以美国为首的西方国家对日本的经济奇迹进行了深入的研究和反思，结论是：日本企业竞争力强大的根源，不在于其员工个人能力的卓越，而在于其员工“团队合力”的强大，其中起关键作用的就是那种无处不在的团队精神。

张近东说：“如果我用个人的能力，可以赚一个亿，可能100%是我的；但我用十个人的时候，我们可能赚到十个亿，可能我只有10%，我同样是一个亿，但我们的事业变大了。”

一条小河只能泛起破碎的浪花，但是当它与千万条小河汇入大海后，就激起了惊涛骇浪。个人的力量和团队的力量就好比小河和大海一样，团队的合作往往能够激发不可思议的潜力。

有一个装扮得像魔术师的人来到一个村庄，他对迎面而来的村民说：“我有一颗非常神奇的汤石，只要将它放入烧开的水中，立即就会变出美味的汤来，我现在马上就煮给大家喝。”随后，有村民就拿了一个大锅，并提了一桶水，而且架上炉子和柴火，马上就在广场煮起水来。然后这个人很小心地把汤石放入滚烫的水中，他用汤匙尝了一口，很兴奋地说：“太可口了，假如再放入一点洋葱就更好了。”这时立刻有村民跑回家拿了一把洋葱放进水中。这个人又尝了一口，高兴地说：“太美味了，假如再加些肉片那就更香了。”于是又有村民快速地回家端了一盘肉来。“要是再有一些蔬菜就完美无缺了。”这个人又建议道。就这样在这个人的指挥下，有的村民拿盐，有的村民拿酱油，有的村民拿其他佐料，最后当大家一人一碗地享用时，他们发现这果真是天底下最美味可口的汤。

其实，只要我们愿意团结，每个人都能煮出一锅如此美味的汤来。所以作为企业中的一分子，你应该努力在团队中找到自己的位置，把团队的成功看做是发挥自己潜能的目标，把团队的荣誉当成是自己的荣誉，与团队中的每一位成员默契合作，实现自己的价值。而不是做一个自以为是，与团队成员格格不入的人，那样只能一事无成。

万科集团的老总王石说：“我的灵感来自团队。也许我给外界的错觉是因为我个人的能量非常大而成就了万科的今天，其实不是这样的。我对万科的价值是选择了一个行业，树立了一个品牌，培养了一个团队，而后者的价值最大。”的确，团队的力量是企业最大的资本。正是因为聚集了一大批优秀的职业经理人，拥有激情的团队，所以才推动着万科与时俱进，取得了巨大的成功。

在科技迅猛发展的时代，对团队合作的要求越来越高。一个人的能力终归有限，如果团队每个成员只顾发挥自己的干劲是远远不够的，要必须提高团队的合作意识，这样整个团队才能发挥出巨大的功效，才能创造出一个又一个奇迹。

职场箴言

“团结就是力量”，团队合作的力量是无穷尽的，而一旦被开发，这个团队将创造出不可思议的奇迹。

第六章 做会省钱的员工

无论在哪一个岗位，做什么样的工作，都应该时刻保持成本意识。老板喜欢替他省钱的员工，所以我们要学会从细小处开始为公司节约。只要时刻以公司为家，就会得到意想不到的收获。优秀的员工都是“抠门”高手，都是为企业精打细算的“铁公鸡”，也是企业最受欢迎的人。所以若想成为一名优秀的员工，就从“抠门”做起吧。

让节俭成为一种习惯

一个人若想取得事业上的成功，养成自我克制的节俭习惯是非常必要的。一个能够为企业节约的人，会是一个将企业利益放在首位的人，这样的员工不仅会利用较少的资源创造更大的效益，还会为企业节约一大笔成本，自然是老板眼中的优秀员工。

节约是一个人应当具有的品质，为企业节约更是一种道德高尚的表现。不过，有些人总认为节俭和吝啬是一回事，其实这是一个很大的错误。实际上，节俭的真正含义是：当用则用，当省则省，也就是说，钱要用在刀刃上。但吝啬的含义却不同，它是指该花的钱不花，不该省的钱也要省。

正如英国著名文学家罗斯金所说："人们经常认为，节俭的意思应该是'省钱的方法'。其实这是错误的，节俭应该解释为'用钱的方法'。也就是说，我们应该如何去购置最适用的家具；怎样把钱花在最恰当的用途上；怎样合理安排衣、食、住、行，以及娱乐等方面的开支。总而言之，我们应该把钱用得最为恰当、最为有效，这才是真正的节俭。"

在一家效益很好的金融机构，有一天，老板让秘书告诉全公司员工,所有的纸都要两面用完才能扔掉。

表面上看来老板极其吝啬,在一张纸上都要做文章,其实这样做自有他的道理,正如这位老板所说的那样:“让文员和秘书这样做,可以使公司减少支出,相对来说就是为公司增加利润。同时,这样做还可以培养员工的节俭精神和成本意识。”

经济全球化使企业之间的竞争越来越激烈,面临的形势也越来越严峻。为此,除了提高产品的市场竞争力之外,有效的降低运营成本已经成为多数企业竞相追逐的目标。所以,优秀的员工就需要树立成本意识,养成节约的良好习惯。

早在20世纪70年代,丰田企业就已经是世界上知名的大企业。丰田企业的汽车产品在原材料的使用上能够保证做到货真价实,同时企业的节约也是出了名的,这主要来自于丰田员工的节约习惯。丰田那么大的企业,在办公用品的使用上却节省得近乎于“抠门”。譬如,企业内部的便笺要反复用4次,第一次使用铅笔,第二次在反面使用铅笔,第三次使用水笔,第四次在反面使用水笔。企业办公大楼的马桶水箱里都放置了一块砖,这样可以使6升的水箱变成5升,每次都能节约1升水。正是丰田企业的这种节约意识,使得它在1973年的石油危机之后,成为了世界上最有竞争力的汽车制造商。

还有很多世界著名的大公司都对纸张的使用有着严格的要求,比如在打印机和复印机旁一般都设有三个盒子:一个是盛放新纸的,一个是盛放用过一面留待使用背面的纸的,另一个才是盛放两面都用过可以处理掉的纸的。如果用过一面的纸张不便用做打印或复印,可以简单装订起来作草稿纸用,或者用于财务报销时贴发票,总之一定可以另找到用途,从而不浪费资源。

另外,只要你在工作中留心点,时刻提醒自己不要浪费,久而久之节约就会成为你的一种习惯。这时候,你内在的优秀品质就会为你铺就一条通往成功的阳光大道。

一位年轻的大学毕业生到一家企业应聘,当他刚刚跨进老板的房门时,发现墙角有一张完好无损的白纸,就弯下腰捡了起来,然后交给主考官。正是这样一个小小的举动让他受益匪浅，在众多的应聘者中他如愿以偿，甚至战胜了比自己更有专业优势的竞争对手而成为企业的员工，事后主考官对他说："是你的良好习惯帮你获得了这个职位，企业要的就是你这种具有节俭精神的人。"

事实上，单纯从企业和员工的利益关系来说，节约也是企业和员工的双赢。对于企业来说，节约可以有效地降低成本，逐步形成勤俭持家、注重节约的企业文化，成为员工的自觉行动；另一方面，每位员工都能够自觉地为公司节约资源，为企业创造价值和效益，企业的效益越好，企业就更有能力给予员工相应的回报和鼓励，员工也能够得到相应的利益。

所以，优秀的员工要让节俭成为一种习惯，想方设法地为企业节约，为企业节约就是替老板着想，你对老板的体谅自然会换来老板对你的器重。

职场箴言

要成为一名优秀的员工，就必须养成节俭的好习惯，时时处处维护企业的利益，这样才能赢得上司的赏识，获得晋升的机会。

把节约当成自己的责任

古语有云："君子以俭德避难。"每位员工不仅可以用俭朴的德行来避免危难，而且还会得到上级的重用，获得意想不到的晋升机会。因为为公司考虑、为公司节约的员工才是可信赖的员工，才是对公司忠诚的人，所以节俭不仅仅是一种美德，更是优秀员工的基本素质。要想成为一名优秀的员工，就应该自觉地把节约当做己任，能不花钱就不花，能少花钱就少花。节俭的员工，永远是企业的核心人才。

一家大型服装公司打算去外地参加一次服装展。因工作需要，公司必须带去一些宣传资料，于是，老板让秘书尽快去联系印刷厂印制宣传材料。

秘书听到吩咐后并没有马上去执行，而是对老板说："上次展会还剩下好多资料，可以用那些吗？"

老板回答："你核对一下，看看内容是不是一样。"

秘书便找出资料进行核对。过了一会儿，秘书又找到老板说："老板，我核对过了，绝大部分内容都一样，只有一个电话号码变了。"

"那就去重印吧！"老板回答道。

秘书觉得可惜，这么多资料只因为一个电话号码的改变就不能用了，重印不仅要花费一笔钱，还要花费时间。

突然，秘书灵机一动，那些宣传材料上的电话号码不也可以用印有新号码的不干胶纸改一下吗？只要贴得整齐，是不会影响美观的。于是，秘书马上到老板办公室向老板请示这件事情，并得到了老板的首肯。

个多小时过后，秘书把整理好的材料给老板过目。现在，在原先那个电话号码上是一条不干胶，上面是一个工整的新电话号码，看起来一点儿也没有不协调的感觉。

老板赞扬了秘书一番，并立即开了一个小型会议。在会上，老板说："这个创意非常妙，虽然节省的钱不多，但是可以看出她已经将节约当成了自己的责任，主动去想办法为公司节约成本，如果大家都像她那样视节约为己任，那么公司就不愁发展了。"

大河有水小河满，大河无水小河干。每位员工都应该在实践中厉行节约：树立成本观念，勤俭节约，减少浪费，从本职工作做起，从勤俭节约的每一件小事做起，节省一度电、一滴水、一张纸……无论公司的规模大小，使用公物都要节省节俭。

在 2003 年度《财富》全球 500 强中，有一个有趣的现象：以营业收入计算，丰田公司排在第 8 位，但以利润计算，丰田公司却排在第

7位。数据显示,2003年丰田公司的利润总额远远超过美国三大汽车公司的利润总和，也比排在行业第二位的日产汽车的44.59亿美元高出一倍多。丰田公司的惊人利润从何而来?结果显示,丰田公司的利润,很大一部分是由公司员工自觉节约下来的。

员工应把工作当做自己的事业,把公司当成自己的家,养成该省的就省,该花的才花的好习惯。如果企业中的每一名员工都能这里节省一点儿,那里节省一点儿,只要有可能就避免浪费,能少花一分钱就绝不多浪费一分钱,那么,日积月累,节俭所产生的巨大效果就会让人感到惊奇。

职场箴言

少花钱多办事是危机时代的企业生存与发展之道,也是危机时代的员工晋职与加薪之道,节约型员工终将会成为企业最受欢迎的员工类型。所以每名员工都应该把企业当成自己的家,尽最大努力完成自己的每一项工作,把浪费降到最低限度。

优秀的员工懂得节约

少花钱多办事是企业生存与发展之道,也是员工晋职与加薪之道。它是所有长青型企业奉行的员工培训理念,更是世界500强企业员工的行为准则与行动指南。节约型员工终将会成为企业最受欢迎的员工类型。

作为企业的一员,我们要有主人翁意识,要养成为公司节约成本的习惯,即使有的时候我们的一点点节约相对于公司的成本来说微不足道,但你事事都能想到为企业节约成本,那么企业也一定会有回报给你,可能给你的回报不会很快兑现,但是相信它一定会来的。能主动把工作中的节约当成大事的员工，才是老板喜欢的好员工。如果你爱护企业的资产就像爱护自己的财产一样，你的老板绝对都会看在眼里，铭记在心里。

李艳毕业后在上海的一家文化公司工作，刚进公司时，同事们对她都挺热情，但没过多久，大家都发现她有个“毛病”：她经常关掉办公室里用不着的电灯；她起草文件所用的纸都是已用过一面的，还经常提醒身边的同事也要这样做；他总是自备水杯和筷子，从来不用公司的一次性纸杯和筷子；她连餐具都是自己准备的，而且她从来不吃用泡沫塑料饭盒装的盒饭。很多同事都认为她根本没有必要这样，也有点受不了她。后来，有人忍不住把她的这些“毛病”告诉了老总。

出乎意料的是，在两周后的公司例会上，李艳的那个被同事们看成“毛病”的行为，竟然被老总写入了公司制度，要求每位员工按制度执行。一个月后，同事们发现当月的办公费用竟然比上个月少了很多。

秦朝丞相李斯曾言：“泰山不拒细壤，故能成其高；江海不择细流，故能就其深。”意思是说，高山大海之所以高大、深远，是从一块块小土、一滴滴流水积累起来的。企业的发展壮大与节约每一分钱的关系也正是这样。

在一个电视节目中，一位嘉宾说了这么一个故事。在深圳召开一个零售行业的研讨会，在嘉宾席上有家乐福的，有好友多的，有华联的，有百佳的，有沃尔玛的代表等等。嘉宾面前都放有一瓶水，散席的时候，只有来自沃尔玛的参会人员把没有喝完的水带走，其他人都只喝了一两口就放在那里。

这种情况有两种原因，一是没有养成节约的习惯；二是要面子，我好歹也是一个经理，还带走一瓶水，太小气了吧。沃尔玛的人带走了水，你会说他小气吗？没有，因为沃尔玛的节约意识历来被人们尊敬，沃尔玛辉煌的今天与沃尔玛员工的节约意识是分不开的，节约意识已经成了沃尔玛企业的核心文化。

有一天，沃尔玛创始人山姆·沃尔顿在一家店面巡视，看到一位店员正在给顾客包装商品，随手把多余的半张包装纸、长出来的绳子扔掉了。山姆·沃尔顿微笑着说："小伙子，我们卖的货是不赚钱的，只是赚这一点节约下来的纸张和绳子钱。"

全球所有实力雄厚、规模庞大的企业都不是凭空产生的，而是依靠所有员工一把一把汗水创造出来的，一分一分钱节省出来的。

作为企业的一分子，每个员工都应该为企业的发展壮大贡献出力量。只要员工在尽职尽责地做好工作的同时，懂得节约每一分钱，这就不仅能为企业创造一份利润，同时也能为企业挖掘出另一份利润。多节约一分钱，要比多赚一分钱容易得多，如果你懂得节约，必定会成为一名优秀的员工。

职场箴言

老板喜欢能主动把工作中的节约当成大事的员工，如果你爱护企业的资产就像爱护自己的财产一样，那么你必定会成为老板眼中的红人。

做精打细算的"抠门"高手

现代企业已经进入了一个微利时代，一家企业的兴衰成败很大程度上取决于员工的节约意识，如果员工缺乏这种意识，那么整个企业的命运也就危在旦夕。只有用企业的财物如同用自己的一样，做精打细算的"抠门"高手，你才会成为企业真正的主人。

所以，不论是公司的员工还是老板，都应该树立节俭意识，提倡节俭办公的理念，能够时时想到为公司降低成本，提醒自己减少浪费，在工作中养成为公司节省每一分钱、每一张纸、每一度电、每一滴水的好习惯……从身边的小事做起，尽可能减少一切不必要的成本支出，这才是一个企业的成功之本。

一家大型企业的财务经理这样讲述：企业为了方便员工和财务部的工作，所有报销单都采用自动复写的特殊纸张，每张报销单为一张 A4 纸大小，成本为 2 元人民币。财务部门一再提醒员工注意节约使用报销单，但是员工在填写报销单时仍然很随意，填错了就撕毁，重新取一张来用。财务部曾经做过一个统计，他们拿出去的报销单是收回的将近 3 倍，也就是说平均每位员工填写一张正确的报销单就要浪费 2 张。每位员工平均一个月报销 2 次左右，这样算下来，每位员工平均每年浪费近百元人民币。可能单看一个员工会觉得成本不是很高，可是 1000 多名员工每年因填写报销单就浪费了近 10 万元。

可见，报销单是基本能够计算出来浪费了多少的，但是很多费用，比如纸张、墨水、笔等却很难精确计算出究竟浪费了多少，如果以这个比例去计算，得出的数字让人痛心疾首。

思科是一家大名鼎鼎的公司，企业从诞生之日起就在不断地提倡节俭理念，并将这种理念塑造成思科的企业文化。思科的节俭到了近乎“抠门”的程度，公司董事长约翰·摩格里奇所说的“花思科的钱，要像花自己的钱”这句格言，正体现了这种节俭的理念。

一直以来，思科都很重视培养员工自觉地为企业节俭，告诉他们为企业节约就是在为自己节约，通过提高员工的节俭意识，来培养他们的节俭精神，这样就使企业和公司获得了双赢。思科公司每年节约了大量的资金，仅在 2003 年，思科通过各种手段降低的开支就高达 19.4 亿美元，相当于公司一年的利润。员工的工资则一直高于业界的平均水平，而且，思科公司的数万名员工个个都有公司的股份。可见，思科公司的“抠”，让大家都享受到了实惠。

当然，思科作为一家世界级的跨国大公司，也有不“死抠”的时候，比如在技术投资上，思科从来都是该花则花，一点都不小气。在员工培训方面，公司也毫不吝啬，一投就是上百万美元。科学的投资让思科公司在行业好转时，迅速拉开了和竞争对手之间的差距，获得了良好的效益。

不过，在现实生活中，很多公司的员工成本观念非常薄弱，他们对公司财物的损坏、浪费视若无睹，让公司白白遭受损失，致使公司的支出大增、效益下降，当然员工的个人收入也会因而受损。

所以，不论是公司的员工还是老板，都应该树立节俭意识，提倡节俭办公的理念，能够时时想到为公司降低成本，养成为公司节省每一分钱、每一张纸、每一度电、每一滴水的好习惯，做精打细算的“抠门”高手。

职场箴言

优秀的员工都是“抠门”高手，都是为企业精打细算的“铁公鸡”，也是企业最受欢迎的人。所以若想成为一名优秀的员工，就从“抠门”做起吧。

为企业省钱的人最受欢迎

企业与员工是利益共同体，只有企业获利，员工才会最终获利。但很多员工都存在这样一个认识误区：钱是企业的，不花白不花，何必为企业节约呢？在他们的意识中，即使浪费了，也是企业的资源，和自己没有关系。对于节约，他们总是抱着一种无所谓的态度，平时在工作中也总是大手大脚，能多花就不少花，随意地浪费各种办公用品或产品原料，严重损害了企业的利益。

当企业中出现这种现象时，就有必要让员工们明白这样一个道理：节俭行为并不仅仅对企业有益，对员工也同样有益，因为节俭能够达到员工和企业的双赢。

任何一位老板都喜欢为企业省钱的人，作为一名员工，要想得到老板的信赖和重用，就必须踏实认真地工作，处处为企业着想，事事为老板省钱。

有三个人去一家公司应聘采购主管。第一个人是知名管理学院毕业的高材生,第二个人毕业于某商学院,而第三个人则是一家民办高校的毕业生。在很多人看来,这场应聘的结果是很容易判断的,然而事情却恰巧相反。

经过一番测试后,这三个人在专业知识与经验上各有千秋,难分伯仲。随后,招聘公司总经理亲自面试,他提出了这样一个问题:假定公司派你到某工厂采购4999个信封,你需要从公司带去多少钱?

几分钟后,应试者都交了答卷。第一个应聘者的答案是430元,他解释道:"就当采购5000个信封计算,可能要400元,其他杂费就30元吧。"

第二个应聘者的答案是450元,他解释道:"假设5000个信封,大概需要400元左右,再加上其他各项花费,大概不会超过50元,一共有450元就足够了。"

当总经理拿起第三个人的答卷,见上面写着418.42元时,不觉有些惊异,立即问道:"你能解释一下你的答案吗?"

这位民办高校的毕业生自信地回答,"信封每个8分钱,4999个是399.92元。从公司到某工厂,乘汽车来回票价10元,午餐费5元。从工厂到汽车站有一里半路,请一辆三轮车搬信封,需用3.5元。因此,最后总费用为418.42元。"

总经理对这个回答非常满意,最终录用了第三个人。

老板都喜欢能够为企业省钱的员工,而善于为企业省钱的员工肯定是具有节俭精神的优秀员工。他们无论做什么事情,都会首先从企业的角度去思考问题,把自己当成是企业的老板,处处从企业的利益着想。所以老板只会聘用和重用工作态度认真,总是千方百计为企业省钱的节俭型员工。

对于员工而言,要想得到老板的信任和器重成为优秀员工,就必须站在老板的角度,处处为企业着想,事事为老板省钱。这样的员工无论走到哪里,都会受到老板的欢迎。

职场箴言

在维持企业正常运营的情况下,任何一个老板都希望员工能够主动为企业节约成本,所以懂得为公司节俭的员工,必定会成为职场中炙手可热的人物。

从点滴处为公司节约

在现代社会,一个企业的兴衰成败很大程度上取决于员工的节约意识。如果员工缺乏这种意识,那么整个企业的命运也就危在旦夕。

华人首富李嘉诚有一句至理名言:“企业的首要问题是赢利,赢利的关键是节俭,节俭是企业和员工的双赢选择。”如今,节俭已经成为企业文化中最为关键的一部分,号召员工节俭也成为企业员工培训和素质教育的重中之重。

但我们经常听到有的员工说:“这是公司的事,那么节约干什么?”毫无疑问,这样的员工是根本没有什么职业素养的,他们也不会得到老板的欣赏和重视。真正受老板喜欢的员工,是那种时时处处都为老板着想,比老板更加积极主动去节约公司每一份资源的人。

所以节俭意识应当深入到每个员工的心田,成为员工的一种意识、一种责任、一种自觉的行动。每个员工都应当认识到,节俭是企业和员工的双赢选择,节俭不仅是一种传统美德,更是一种成功资本。每个员工都要拥有“省下的就是赚到的”理念,才能使公司赚取更多的利润,同时,自己也会从中获得更多的益处。

台湾的龙头企业台塑集团是典型的大企业,但经营理念却是

“小气有理。”每一位员工的圆珠笔必须用到写不出字，再拿旧笔芯去后勤部门换新笔芯。

有一年的华为年终颁奖晚会上，面对公司研发部门浪费非常严重的情况，总裁任正非把那些浪费掉的材料全部打包，给每位研发人员作为奖金发了一份。任正非可谓用心良苦，虽然每个员工当时可能有些难受，但是也使他们深受教育：公司的资源是不应该浪费的，员工必须为公司节约！第二年，整个公司用于研发的资金就降了下来，任正非又将所有节省的资金作为奖励发给了员工。

捷安特(中国)有限公司总裁郑宝堂曾经说过：没有节约意识的员工注定没有职场的精彩，没有节约意识的企业注定没有商场的胜利！

企业想要赢利，消灭一切浪费是一条切实可行的路。这不仅需要企业在管理中处处节约，还需要每一个员工在日常工作中也树立节约意识，杜绝任何形式的浪费。作为公司的一员，你的所作所为就代表着公司，别人从你的身上就能看出公司的“品格”和“素质”。

王海是一家公司的采购部经理。一天，他看到公司定制的圆珠笔、复印纸非常漂亮，便时不时地带些回家，给他上学的女儿用。结果，这些东西被女儿的老师看见了，而该老师的丈夫恰好是与这家公司有业务来往的高级主管。当他了解到这件事后，生气地说：“这家公司的风气太坏了，公司的员工只想着自己而不是公司！这样的公司怎么能有诚意做好生意呢？”于是，他中止了与该公司的合作计划。

所以，不要小看这些小事，工作中的许多不良习惯造成的危害，常常超出人们的想像。所有的老板都知道，只有节俭的员工才会更忠诚于自己的企业。即便是小处的节俭，聚少成多，也是很可观的。一个员工的浪费对于整个公司来说不过是九牛一毛，但如果公司几万甚至几十万员工都浪费的话，那流走的就将是一笔巨大的资产。因此，大公司反而比一般中小企业更加注重员工节俭习惯的培养。

在市场竞争以及职业竞争日益激烈的今天，只有懂得节约的企业，才会在市场中游刃有余；只有懂得节约的员工，才会在职场中脱颖而出。作为企业的一名员工，就要有不允许浪费任何资源的意识，从点滴处为公司节约。这样才能成为优秀的员工，为自己创造更大的发展空间。

职场箴言

无论在哪一个岗位，做什么样的工作，都应该时刻保持成本意识。老板喜欢替他省钱的员工，所以我们要学会从细小处开始为公司节约。只要时刻以公司为家，就能得到意想不到的收获。

不要寻找浪费的理由

“没有任何借口”是美国西点军校奉行的最重要的行为准则，是西点军校传授给每一位新生的第一个理念。它强化的是每位学员必须想尽办法完成任何一项任务，而不是为没有完成任务寻找各种借口，哪怕是看似合理的借口。但一些员工在工作中习惯为自己的失败寻找借口，在浪费这件事情上给自己寻找理由则是大多数人的做法。

在创业过程中，松下幸之助非常重视培养员工节俭的习惯。有一位专门负责跑业务的老员工深得松下幸之助的器重，后来，他被调到生产车间，负责现场作业管理。松下幸之助想再磨炼一下这位老员工，然后把他培养成骨干，但通过近距离的接触后，松下幸之助很失望。原来，这位员工不懂得节俭，在生产过程中很浪费。

后来，松下幸之助多次提醒他注意节省资源，但是对方总是给自己寻找浪费的理由。时间一长，松下幸之助无法继续忍耐下去了，结果把这位老员工辞退了。

可见，一个人习惯了浪费，工作上就会拖拖拉拉，没有效率，不但耗费了更多资源和金钱，还让自己丧失了敬业精神、责任感，对个人成长、事业发展会产生很大的影响。

而懂得精打细算，厉行节约，贫困就会永远离你而去。如果你是一个大手大脚的人，那么即便你有万贯家财，也会有花光的一天。

曾看到过这么一则小故事。

有个手艺很好的木匠，做出来的东西精巧又耐用，所以生意很好，赚的钱自然不少。可木匠是个大手大脚的人，因而钱虽然赚得不少，却没有什么盈余。

木匠有个朋友是个铁匠，赚的钱并没有木匠多，却是个远近闻名的有钱人。而且那个铁匠原本很穷，家道并没有木匠殷实，但现在却过得很好，这让木匠很困惑。

一天晚饭后，木匠带上老婆去向铁匠请教致富之道。到了铁匠家后，木匠说明了来意。铁匠听了，为难地说："这个嘛，我也讲不清，你且等一等，让我先把灯熄了，再与你探讨这个问题。"说着，就把灯吹灭了。

木匠的老婆是个聪明人，一看这个情形便明白了，立刻高高兴兴地站起来，说："谢谢你，我已经知道怎样才能有钱了。"说完就拉着木匠回家了。

不久，木匠也成了有钱人。

所以，致富之道贵在"勤俭"二字，当用则用，当省则省。在职场上也是如此，千万不要为自己的浪费找理由。

美国哈佛大学人才学家哈里克曾经深刻指出："世上有93%的人都因拖延的陋习而一事无成，这是因为拖延能杀伤人的积极性。"拖拉就是喜欢给自己找"理由"、找"借口"，做错事以后不立即主动改正，从而耽搁了宝贵的时机。

喜欢给自己找理由的员工大多缺少进取心、缺少积极性，他们不注重提高工作效率，不懂得节俭的重要意义，容易挥霍浪费，这样的人不是企业期望的员工。我们一定要记住：借口是浪费的温床。只有你在工作中认认真真执行，不找开脱的理由，才会在根本上集中精力办成大事。

职场箴言

给自己寻找借口、逃避责任的员工最不受欢迎。因为没有人愿意和那些时时刻刻为自己找借口的员工共事，也没有哪个老板愿意让喜欢找借口的员工担当重任。所以优秀员工都是会省钱的员工，从来不会为自己寻找浪费的理由。

为公司节约就是给自己谋福利

人人都懂“大河无水，小河干”的道理，如果我们不注意节俭，肆意浪费资源，企业赢利就无从谈起，员工的福利也会失去着落。所以，每一名员工都应该明白，自己的收益完全来自公司的收益，在为公司工作的同时也在为自己工作，为公司节约就是给自己谋福利。

齐勃瓦在卡内基钢铁公司任职时，一直以“公司先赢，个人后赢”来严格要求自己。有一次，当时控制着美国铁路命脉的大财阀摩根提出了与卡内基联合经营钢铁的要求，但卡内基没有理会，于是摩根很恼怒，就放出风声说他要找贝斯列赫姆合作。贝斯列赫姆钢铁公司是当时美国第二大钢铁公司，如果与摩根财团联合起来，卡内基公司肯定会处于竞争的劣势地位。

卡内基急忙找来齐勃瓦，递给他一份清单，说：“按这上面的条件，你尽快去跟摩根谈联合的事宜。”本来作为一名员工，只要按照老板的命令去执行就可以了，公司虽然损失了，但是他个人却不会有任何的损失，但是齐勃瓦接过清单仔细地看了一遍后，对卡内基说：“根据我所掌握的情况，摩根没有你想像的那么厉害，贝斯列赫姆与摩根的联合也不会一蹴而就。如果按这些条件去谈，摩根肯定乐于接受,不过我们公司将损失一大笔。”

当齐勃瓦将自己掌握的情况向卡内基汇报以后，经过认真分析,卡内基也承认自己过高估计了对手。卡内基全权委托齐勃瓦同摩根谈判,最后取得了对卡内基有绝对优势的联合条件。摩根感到自己吃了亏,就对齐勃瓦说:“既然这样,那就请卡内基明天到我的办公室来签字吧。”

第二天一早,齐勃瓦来到了摩根的办公室,向他转达了卡内基的话:“从第 51 号街到华尔街的距离,与从华尔街到第 51 号街的距离是一样的。”摩根沉吟了半晌,最后说:“那我过去好了!”老摩根只好俯身屈就了,而全身心维护公司利益的齐勃瓦不久就升任了公司的董事。

公司是老板的,也是你的,两者之间是一种互惠双赢的合作关系,员工与公司一荣俱荣、一损俱损。齐勃瓦深刻地认识到了这一点,为企业节约资本,无疑为企业带来了更大的利润空间,自己也会从中获益，所以他才提出有见解的意见，使企业在联合中取得优势。

如果每一个员工都把节俭当做是自己的事情的话,企业和员工之间就可以达成节俭的共识，从而共同营造一种节俭的良好氛围，那么企业就能够长盛不衰。反之,如果企业成本上升、利润下降,甚至严重亏损,那么就会威胁到任何一位员工的利益。

有一家设计公司有几个才华出众的设计人员,他们刚进入设计公司时齐心合力,以公司的发展为目标,所以公司的业务一天天地扩大。但随着公司的成长,利润的分配出现了问题,几个有才华的人都认为自己为公司创造了高利润,可是公司给自己的回报却微乎其微,于是就出现了极端的行为。有的人竟然在外面接私活干,以取得心理的平衡,其他人也纷纷效仿,设计公司的正式工作就被荒废了。

设计公司经理苦劝这些设计师,希望他们不要再干私活,但是效果并不明显,结果这家设计公司倒闭了。

这时,设计师们纷纷寻找自己的客户想要跳槽,但是他们的这种只顾个人利益的行为让他们的客户很反感,遭到了拒绝。这些设计师虽然才华出众，却因为只顾私利而毁了自己的前程。

所以，企业是员工展现才能的平台，如果失去了这个舞台，员工就会像是脱离了水的鱼儿一样干涸而死。员工只有和公司共赢，自己才会随之而后赢。

职场箴言

每一个员工的节俭都会推动公司的成长，自身节俭和促进公司的成长是每一位员工义不容辞的责任，只有懂得节俭的员工才能为公司创造更大的价值，同时也会为自己谋取一定的福利。

第七章 做公司最受欢迎的员工

每一位员工都希望受到企业的欢迎、领导的重视，因为只有这样，我们才会有更多的发展空间，才能实现自己的价值。那么公司欢迎什么样的员工？领导喜欢什么样的员工？同事又愿意和什么样的员工相处、合作？这里面隐藏着很多学问，要想成为一名受欢迎的优秀员工，就要争取做企业、领导、同事想要的人。

成功离不开良好的人际关系

有这样一句话，“没有交际能力的人，就像陆地上的船，永远到不了人生的大海。”这句看似简单的话，却蕴含着很深的哲理。它能够使人明白，在人的一生中，你无论有多么强大，无论有多么好的条件，如果没有良好的人际关系，一切都是水中花，雾中月。

有人说，处理好职场人际关系是职业生涯迈出的成功的第一步。的确，我们在工作中不可避免地要与不同的人打交道，或者同事，或者上司，或者下属，抑或客户等等。无论是与哪类人的人际关系出了问题，都会直接影响到我们的工作情绪，继而影响到工作业绩。反之，处理好了职场人际关系，则会推动工作的顺利开展，甚至有助于自己的职业晋升。

李娜在一家新成立不久的广告公司任办公室主任，她所在的办公室兼具行政管理、后勤管理、人事管理三大职能，工作的繁忙和细琐程度自不用说。李娜的前任无论从学历、经验，还是从工作态度、魄力上来讲都不比她差，甚至有些方面还超出了李娜，但最终工作做了不少，却得不到同事和上司的认可，大家都觉得她很傲慢，最后她被迫离职。总结前任失败的教训，李娜得出一个结论，那就是自己要保持着一张笑脸，因为面带微笑的人总是在向同事们传递着这样一种信息：我很欣赏你，我信任你，我愿意成为你的朋友，我们会合作得十分愉快。

所以无论工作有多重、多繁琐，李娜也从不会表现在脸上，总是保持一副亲切的笑容。她拟定的“绩效考评措施”在公司内部得以顺利实施，公司的业务量也明显上升了。

国外曾有一句处世格言：“一个人的微笑价值百万美元。”从李娜的角度来看，这话一点儿也不夸张，它足以说明一张笑脸对人际交往、对个人事业来说有多么重要。所以，你若要获得事业上的成功，打造自己的人际关系圈，这就是你首先要做到的事情。生活中，我们每一个人都不能孤立地存在，都非常需要朋友的支持和信赖。

华人首富李嘉诚曾经说：“我算不上超人，我之所以可以成功，是因为我身边有300员虎将，100人是外国人，200人是本土香港人，我的成功是大家同心协力努力的结果。没有小的河流，怎能成长江。”可见，人际关系对一个人的成功具有很大的影响作用，它是人们取得成功的重要条件之一。

在职场中，成功的机会总是会垂青于那些有着良好人际关系的人。几乎每一个人都懂得人际关系在生活和工作中的重要性，但是在处理人际关系的时候却不知从何下手，在这里我们为大家提供几个诀窍。

1.真诚对待别人

真诚是打开别人心灵的金钥匙，因为这样能够让别人信任你。俗话说：用心沟通，贵在真诚，对朋友要用心相处。当朋友需要协助的时候，我们要尽最大的力量去帮助他，尽量做到真诚热心，方方面面都照顾周全。奥地利著名心理学家阿尔·阿德勒说：“对别人不真诚的人，他一生中困难最多，对别人的伤害也最大。所有人类的失败都出自这种人。”这是因为对人不真诚的人，就得不到别人真诚对待。

2.尊重他人

人都有一定的自尊心，你要想他人尊重你，你就必须先尊重他人。一个不懂得尊重他人的人，是绝不会得到他人的尊重的。在我们的工作中，我们对待别人的态度往往决定着别人对待我们的态度。有这样一句名言说："生活就是一面镜子，你对它笑，它对你笑；你对它哭，它也对你哭"，我们要获取他人的好感和尊重，首先必须尊重他人，只有做到尊重他人，自己才会受到他人的好评和尊重。相反的，如果你处处表现出一副清高孤傲、盛气凌人、颐指气使，对方会感到自尊心受到了伤害而拒绝与你交往。

3.学会欣赏他人

当你欣赏一个人时，并不是奉承他，而是我们要能从他人的身上发现诸多的亮点。在我们周围，不管是亲人、朋友还是同事，都可以从他们身上找到值得我们借鉴的地方，从中找到可以学习的优点，来弥补自己的不足，这样也可以发掘出自己与他人的差距，从而激励自己、鞭策自己提高综合修养水平，给自己更大的生活信心和精神力量。欣赏别人不仅是对别人的一种尊重和鼓励，而且还是对自身品质的一种检验，是对自身品质的一种提升。

4.平等地对待他人

人生在世，尽管在权力、地位、财富等方面存在着不平等，但在人格、生命、健康、快乐、幸福方面都是平等的，尤其是每个人的尊严都同样神圣不可侵犯。在生活中，我们要谨慎地对待自己的言语，谨慎地对待自己的行为，学会与人平等相处，平等对待他人，尊重他人的人格尊严。

人际关系不是一劳永逸的，而是一个经常变化的过程，这就需要我们善待每一个人，从小处、细处着眼，时时把人际关系摆在首位，落在实处。在工作中，一个拥有良好人际关系的员工，必定会在职场中脱颖而出。因为他比别人拥有了更多的发展机会，更容易克服工作中遇到的困难。

职场箴言

在职场中，虽然你工作很努力，却有可能得不到上司的认可。问题并不是出在你的工作能力上，而在于你是否有着良好的人际关系。良好的人际关系可以帮助我们成功，并且还可以使我们减少失败。

真诚地与同事团结合作

“物竞天择,适者生存。”这是任何物种通过竞争求得生存的普遍规律,合作和竞争是伴随着人类的出现而出现的,二者发展到今天,不但没有被削弱,反而随着社会的发展越来越激烈,也只有在合作中才能经受得起更强的竞争。

同事是与自己一起工作的人,与同事相处得如何,直接关系到自己的工作、事业的进步与发展。如果同事之间关系融洽、和谐,人们就会感到心情愉快,有利于工作的顺利进行,从而促进事业的发展;反之,同事关系紧张,相互拆台,经常发生摩擦,就会影响正常的工作和生活,阻碍事业的工常发展。

但由于各种原因,有人会暗自把同事当成对手,嫉妒同事的成功,甚至处心积虑地用各种手段去攻击对方。其实在职场上没有永远的朋友,也没有永远的敌人,相互拆台只能是损人不利己、两败俱伤的行为。只有相互联合、彼此相依相存,构建双赢的局面才是皆大欢喜的。

有这么一个小寓言。

一头狮子和 匹狼同时发现了一只小鹿,十是商量好共同追捕那只小鹿。它们合作默契,当狼把小鹿扑倒,狮子便上前一口把小鹿咬死。但这时狮子起了贪心,不想和狼平分这只小鹿,于是就想把狼也咬死。狼拼命抵抗,虽然最终狮子咬死了狼,但狮子也身受重伤,无法再享受美味了。

现代社会里强调分工,却更注重合作。在职场中,大家工作相对独立,但又有千丝万缕的联系。要把每件工作都做好,需要所有同事的互相合作,朝同一目标共同努力。毕竟多一个朋友多一条路,多一个敌人多一堵墙。只有各司其职，各施所长，精诚合作，才能携手共进，同谋发展。

在生意场上，有太多的事例说明了这个观点是正确的。商家之间通过合作往往会取得双赢的局面，这远远胜于在市场上的竞争对抗。只有合作才能求得发展，共同合作往往比单枪匹马奋斗更容易成功，因此不要让自己的自我意识成为自己发展的绊脚石。同事之间也是如此，如果能够很好地相互合作，也能够产生同样的效果。

有这样一则故事。

从前有一位老人有十个儿子，兄弟间不太和睦。一天，他把十个儿子叫到自己的跟前，给每人发了一支箭，然后让他们把自己手上的箭折断，他们都不费吹灰之力就完成了。父亲又将十支箭合在一起，让他们一个人一个人地去折，结果兄弟十个没有一个人能将其折断的。十个儿子顿时领悟了父亲的用意，从此十兄弟同心协力地合作，成为人们学习的榜样。

合作与竞争是两个完全不同的概念，合作是寻求双方共同获利为目标的，而竞争就必定有输赢，通常会是一方的喜悦建立在另一方的痛苦之上的。与同事合作是一件很愉快的事情，在合作中可以不断提高自己，互惠互补。

有位哲人说过，世上有三种人：一种人离生活太近，不免陷入利害冲突；一种人离生活太远，往往又成了不食人间烟火的隐士；还有一种人与生活保持一种恰当的距离，这种人就是豁达的人。享受生活而不苛求，宽容大度而不自私狭隘，只有这样，你才能够与同事保持融洽的合作关系。

既然同事间的团结合作如此重要，我们可以从以下三个方面来维护和同事的合作关系。

1.求同存异

如果一方面希望和同事进行很好的沟通合作，另一方面又强调差异，这样只会使彼此之间距离越来越远，矛盾越来越深，最终使合作破裂。既然在一起共事，就应把注意力放在双方的共同点上，站在同一立场上，设身处地为对方着想，尽量减少差异，以达成共识。

2.学会沟通

同事之间的良好沟通，可以使你左右逢源。在工作中，遇事应先打招呼，以减少误会，加深理解，增强信任。有了事先的充分沟通，执行起来更能够吸引对方的参与。沟通之后，必须要言行一致、信守承诺，这样彼此之间才会形成某种默契，更有利于工作的开展。

3.学会倾听

倾听是同事间相互了解的重要途径。你有被同事了解、理解，得到同事的信赖和支持的愿望，同样你的同事也有这样的愿望。因此，如果希望自己被他人了解，就先得学会听他人的倾诉。只有愿意了解他人的人，他人也才愿意了解你。

职场箴言

合作使我们的力量更强大，结果往往出乎人的意料，就好像对“一加一等于几”这个问题一样。如果把它运用到团队的合作精神之中，它往往是大于二，如果在一个团队中，大家都是分道扬镳，那么它就小于二。

避免与同事发生冲突

一个人参加工作之后，每天都会有三分之一的时间是在公司度过的，而每天与我们接触最多的人恐怕就是同事了，真是低头不见抬头见，这自然就少不了与同事的交往和共事，每天遇到很多的事情也是正常的。但由于每个人的经历和思想存在着差异，所以，同事之间也就避免不了会产生矛盾。

同事之间出现矛盾并不可怕，只要我们能够面对现实，积极地采取行动，终会化干戈为玉帛，使同事之间的关系比以前更好。如果同事之间因为一时的不和而总是有扯不完的恩恩怨怨，那么吃亏的永远是自己，而不会是别人。

在中国的处世哲学中，中庸之道被奉为经典之道，中庸之道的精华之处就是以和为贵。同事作为你工作中的伙伴，难免有利益上的或其他方面的冲突，处理这些矛盾的时候，你第一个想到的解决方法应该是和解，毕竟同处一个屋檐下，低头不见抬头见。再说与同事和睦相处，在上司眼中，你的分量将会又上一个台阶，因为人际关系的和谐处理不仅仅是一种生存的需要，更是工作上、生活上的需要。

这是一个讲求团队精神和团队合作的时代，如果团队内部出现了矛盾，日积月累把这些小事纠结在一起，势必将导致团队内部的分裂，引发更多更严重的问题，甚至会影响到整个公司的发展和命运。所以，当自己的利益或者观点与同事发生冲突的时候，千万不要对此耿耿于怀而心存怨恨，即使你对他有一定的成见，也要抛开成见，积极主动地与他合作交往。这样不仅显示了自己开阔的心胸和宽宏的气度，更能在同事和老板的心目中留下好印象。

在职场中为了避免与同事产生矛盾，一旦与同事发生冲突，应该对事不对人，尽量控制自己情绪，缓和气氛，积极化解大家的矛盾，这才是正确的方法。我们在平时一定要把握以下几个方面，建立融洽和谐的同事关系。

1.不要忌妒

在公司里肯定要遇到晋升和加薪，每当这时总会有一些人会对别人的成绩产生忌妒之心，更甚者还会在背后打小报告，说风凉话，这样的做法其实既不利人也不利己，毕竟公司里的高层职位是少数的，而大部分人都是普通的职员，遇到这种情况只要能够以一种平常心去对待，去欣赏你的同事，也许下一个晋升职位的就是你。

2.自我检讨，敢于承担

处理意见冲突时态度要诚恳，如果责任在自己一方，就应勇于向同事承认错误及道歉，主动承担一些冲突的责任，给对方一个台阶下。人心都是肉长的，这样的胸襟很容易感动同事，从而化干戈为玉帛。

3.主动开口打破闷局

很多人都有这样的经验，就是当与同事出现意见冲突后，在公司中谁碰见谁也不先开口打招呼，实际上双方内心却在期待对方先开口。所以作为公司一分子，遇到有隔阂的同事时，更应及时主动问好，热情打招呼，以消除冲突所造成的阴影，给其他同事留下一个不计前嫌、大方处事的印象。

4.不争论，冷静处理

当与同事发生冲突后，应该不计较、不争执，冷静地表达观点，避免不必要的语言暴力。其实粗暴争论解决不了问题，假如双方都情绪激动时，只好停止争论，暂时终止讨论，让气氛平复下来后，再作处理。

5.保持距离

因为公司是一个充满利益和竞争的场所，影响和干扰人与人之间关系的因素太多了，你们之间今天是很要好的朋友，也许明天就会卷入利益的争夺战。所以，同事之间的交往还是奉行“君子之交淡如水”的原则为好。

职场箴言

一项工作需要不同人员的相互配合才能完成，在这个过程中很容易发生矛盾冲突。如果冲突得不到合理的解决，该项工作就不能顺利完成。因此，为了营造一个和谐的办公环境，尽量不要与同事发生冲突。

尊重每一位同事

俗话说：“已所不欲，勿施于人。”做人的一个基本原则就是尊重别人，尊重别人的一个重要表现就是设身处地地为别人着想，为别人的方方面面着想。

《圣经·马太福音》有一句话："你希望别人怎样对待你，你就应该怎样对待别人。"这句话被大多数西方人视为是工作中待人接物的"黄金准则"。因此，你若想获取他人的好感和尊重，必须首先尊重他人。

现代人对尊重更加渴望，詹姆森教授说："在人类的天性中，最深层次的欲望，就是渴望得到别人的重视。"研究表明，每个人都有强烈的友爱和受尊敬的欲望。由此可知，爱面子的确是人们的一大共性。

职场人都知道职场是一个大环境，大家关系融洽，心情才会舒畅。尊重每一位同事，给自己营造一个良好的工作氛围，你才能充分发挥你的潜能。用友好的方式来表达自己，别人也会以同样的方式来回报你。所以一定要尊重你的每一位同事，不管他的地位是否卑微，因为只有相互尊重，才能给彼此创造良好、宽松、愉悦的工作环境，才能合作，顺利完成工作，提高工作效率。

莫斯利在一家木材公司当推销员，他是一个善于指责别人的人，却从不听取别人的意见。有一次，他尖酸刻薄地指责一位质检人员对工作不负责任，检验人员向他解释出现问题的原因，结果他根本没有等到检验人员把话说完就又开始指责。后来，他不得不离开那家木材公司，原因是他喜欢指责人的毛病不改，大家都离他远远的，没有人愿意和他合作，更没有人愿意和他交朋友，在势单力薄、孤独无助的情况下，他只能选择离开。而莫斯利却对此非常的不解，于是向一位老者请教原因，老者说："你在交际中犯了一个大忌，那就是听不进他人的意见。要知道尊重他人的意见和人的交往是同等重要的，只要你尊重了别人，别人才会尊重你，自己才会有一个好人缘。"

听完老者的话，莫斯利顿时茅塞顿开，他决心改掉自己的坏毛病，努力养成尊重他人的好习惯。

任何人都希望得到别人的尊重，希望能有更多的自我表现机会，以实现自身的价值，如果这种愿望能充分地得到满足，就会产生一种新的鼓舞力量。

曾任 IBM 总裁的小托马斯·沃森说过："在 IBM，一个重要的哲学就是尊重个人。这是个很简单的概念，但是 IBM 的经理们却花了很多时间去实践它。"他认为尊重人就要讲公平，只有平等对待，互相尊重，才能形成团结友爱的氛围。所以在 IBM 公司里，每间办公室、每张桌子上都没有任何头衔字样，洗手间也没有写着什么长官专用，停车场也没有为长官预留位置，更没有主管专用餐厅。IBM 公司有这样一个非常民主的环境，每个人都同样受人尊敬。

每个人都有自尊心，人们常喜欢摆架子，我行我素、挑剔别人的不是，在众人面前指责同事，而没有考虑到是否伤了别人的自尊心。其实，只要多考虑一下，讲几句关心的话，为他人设身处地想一下，就可以避免许多不愉快的场面。

在生活、工作中，最珍贵的礼物就是得到别人的尊重和理解。当一个人收到这样的礼物的时候，他就会感到幸福快乐，而那个馈赠礼品的人同样会感到幸福和快乐，因为在尊重别人的同时，他也得到了别人的尊重。

"尊人者，人尊之。"当你尊重别人的时候，也是在尊重自己。因此学会了尊重别人，就学会了尊重自己。

职场箴言

同事是我们在工作中朝夕相处的工作伙伴，在工作中难免会出现一些摩擦。但是，和同事关系的好坏直接影响着工作的效率，因此，不论因为什么事，都要尊重同事的意见和人格。

做为老板分忧解难的员工

在一个公司里，员工只是负责自己岗位上的工作，而老板则要负责整个公司的工作,所以,公司里的事情,老板并不是每一件事情都自己干,自己出面,自己插手。他希望这些事情通过自己的下属就能够很好地解决,代他出面去摆平,替他分忧解难。

作为一名优秀的员工,每天除了要做好自己的本职工作外,还会经常去想"我还能为老板做些什么事情,为老板分忧解难呢?"尤其是在老板忙得焦头烂额,迫切需要你帮忙的时候,你一定要主动站出来,而不是站在一边袖手旁观。

能经常替老板分忧解难的人,在老板眼里不但忠诚可靠,还拥有出色的解决问题的能力,是不可替代的。如果企业在危难之际,你为老板撑起一片天,为他挡风遮雨,你将赢得其他同事的尊敬,更能得到老板的信任和器重。

萨克斯顿在著名的传播机构贝尔·霍韦公司任职时,主要负责对公司众多分支机构进行分析,拟定计划以协调它们的工作。萨克斯顿把注意力集中于维尔丁电影制作公司,虽然该公司一直在亏损,但是萨克斯顿认为自己可以使维尔丁电影制作公司扭亏为盈。于是,他提出了一个具体的市场开拓计划,建议维尔丁公司卖掉电影制片厂,将业务集中在咨询顾问及推销新产品上,老板对此大为赞赏,当即把萨克斯顿提拔为维尔丁公司副总裁,主管市场开拓。不到一年工夫,他就使维尔丁公司开始盈利。

如果你总能替老板解决难题,老板不但会领你的情,而且会越来越欣赏你,从而逐渐提拔你、重用你。

某公司业务部副经理小秦发现一向谈笑风生的老板最近一段时间总是愁眉不展,整天无精打采的样子,变得意志消沉了。经过小秦的细心观察,他终于找到了老板每天愁苦的原因:原来很快就能处理完的公事,现在到下班时还剩下很多没处理完,一连好几天都是这样的,而且公司的工作目标也没有按时完成,客户对公司的表现已经流露出明显的不满。

小秦看到这些真是心急如焚,老板表现出的样子他实在是无法理解。他既不愿意看到公司因此而受到损失,也不愿意看到很有才华的老板因此而消沉下去。但是这还不是老板真正消沉的原因,于是，小秦从侧面了解了一下老板的具体情况，原来是老板的妻子得了重病，现在住进了医院，他每天白天上班处理工作，晚上还要到医院陪妻子。由于休息时间少，又担心病人，因而连日来已经是筋疲力尽，心力交瘁，白天上班自然没有精神，工作效率也明显降低了。

了解到这些情况后，小秦对老板的遭遇深表同情，他找机会与老板谈话，请求暂且将老板的一部分工作交给他去做，好使老板能够腾出更多时间照顾病人。

接手工作后，小秦一丝不苟，力求将每一项工作都做得圆满，遇到不明白或不熟悉的问题，他主动向老板或同事们请教。在他的努力下，公司的工作有了明显的起色，客户满意了，老板也露出了笑容，小秦本人也在工作中得到了更多的锻炼。

后来，老板的妻子病愈出院，老板又开始安心工作了。每每谈起这一段经历，老板总是很感激地对小秦说："那时多亏有你鼎力相助，不然的话，公司遭受损失将不可估量。"

通过这件事，小秦得到了公司上下的尊敬和赞誉，更是成了老板的好"搭档"，生活中的"密友"。是啊，像这样能在关键时刻主动替老板分忧、顾全大局的员工，有哪个老板会不喜欢呢？

任何工作都不可能是一帆风顺的，都可能会遇到这样或那样的挫折与障碍。老板也是一个普通人，在工作和生活中也会遇到许多难题。也许这些工作并非你分内的工作，但却阻碍了整个公司的发展。在这个时候，如果下属除了干好本职工作外，还能及时伸出援助之手帮老板出谋划策，共同渡过难关，老板肯定会十分感动，从而对你另眼相看。因为在老板眼里，你已经成为了不可替代的优秀员工。

职场箴言

高尚的人能够理解别人的思想，能够体会别人的情感。高尚的人能克制自己，能想办法减轻他人痛苦，能替他人分忧。

尊重和理解你的老板

老板常常会给人留下这样一种印象：令人畏惧、难以理喻、无所不在、无所不能。对于你必须听命于他的那个人，你可能从小就形成了这样的印象。其实不然，老板也希望得到下属的尊重和理解。

但有时候我们一个不经意的举动，一句不经意的话语，让领导感觉你没有尊重他，这样你在领导心目中的印象将大打折扣，如果说这种不好的印象对你未来的发展没有影响，那完全是睁眼说瞎话。

正因为他是领导，作为下属的你才更应该尊重他。例如，在领导开会讲话的时候，不管你手头的工作多么重要紧急，也要把它放到一边，认认真真地听领导所讲的每一句话，不时还要用平和的眼神看着领导，表现出自己非常重视领导的讲话，这也同时让领导感觉到了他备受尊重，从而领导对你的看法也会加分。

每一位上司都喜欢别人恭维他，只要你是善意地、由衷地赞美你的顶头上司，自然上司会很喜欢和你相处。

张广义毕业于一所名牌大学，一进公司就被列入重点培养对象，他对工作也充满了热情，经常自觉到公司加班，攻克一些技术上的难题，并在工作中做出了让人刮目相看的成绩。公司的每一个人都认为，他是公司年轻员工中得到晋升机会最大的一个。

但是有一次，公司主管给他安排任务，让他画一份统计图表。这项工作本来不属于他，是由另一个同事负责的，只是那天同事有事请假了。张广义心想，这样简单的工作，再怎么也轮不到他这位高材生去做啊，于是他满不在乎地说："我还以为是什么技术难题呢，这样简单的工作，等我忙完了手头工作再去做吧。"他不情愿地接受了任务，把它搁到一边，没有按主管的意思马上去做，以至于主管来催的时候，他才马马虎虎地做完。

到了年底，公司进行人事调整，张广义没有得到公司的晋升。原来主管向高层领导反映张广义“狂妄、轻浮、傲慢”。

张广义感觉很委屈，同事也为他打抱不平，但是这已于事无补，张广义因为自己的一次满不在乎而付出了应有的代价。

工作中的事情无大小的区分，无论领导分派给你什么样的工作，都要虚心接受，认真地完成，既表现了自己办事的低调，又表现出了你对领导的尊重。你一定要处理好与上司的关系，给上司留下一个好印象。但要注意对于领导的尊重表现不能太过头了，有适当的表现就可以了。例如领导有时候不慎在下属面前出丑，你千万不要看领导的笑话，要想办法为领导圆场解围。

尊重领导是每一位下属必须做的事情，只有尊重领导，才能得到领导的信任和赏识，才会为自己未来职场铺平道路。

职场箴言

尊重，是站在别人的角度考虑，给别人一点理解；尊重，是对不同意见的一种认真倾听；尊重，是洋溢在脸上的一抹真诚的微笑；尊重，是对别人付出的一声由衷的赞美。作为员工，在我们的心里时时刻刻应该为老板，也为自己多一些感恩，多一些善意。

学会与上司相处

人在职场，要和上司、同事打交道。我们也许很了解身边的每个同事的脾性，却对坐在老板桌后面、神情冷峻的上司知之甚少，上司俨然蒙上了一层神秘的面纱，让我们摸不着头脑。其实，上司也是人，不是神，也有七情六欲、喜怒哀乐，也有脾气、偏好、坏毛病、人情世故、家常琐事，这就自然决定了不同的上司会有不同的性格特点，聪明的下属只要把握住了自己上司的具体个性，就不难和上司相处了。

若想搞好和上司的关系，需要注意以下几点：

1.主动和上司沟通

上司对每个下属的工作情况并不完全了解，所以，你要经常与他沟通。和上司沟通的作用在于，你可以让上司清楚地了解你的处境和个人规划、个人理想，同时，你也可以明确上司的意图，以及他对你工作的认可程度和期望，从而可以适时地调整自己的目标，与整个公司的发展同步。

2.对上司绝对尊重

在公司，任何诋毁和藐视上司的言行都是必须禁止的。无论你是谁，无论你对公司来说有多重要，这样的言行都将使你在公司的职业生涯大大缩短。而与上司争吵辩论更非明智之举，它将毁坏你的形象，并且使上司疏远你。所以，要想获得上司的信任，首先你要尊重他，这样做既有助于维护领导者的形象，对公司发展有利，同时也体现自己的风度和修养，凡事以大局为重。

3.不要直接否定上司原来的想法

尊重上司并不代表在领导面前表现得俯首贴耳，唯唯诺诺。对上司发表的观点，一定的附和是必要的，但是也应有自己的独立见解。如果自己毫无主见和个性，上司只会当你是一个驯服的工具，对你只会使用而不会重用。但对上司的工作提建议时，尽可能谨慎一些。对于整体工作的意见，即使不同意，也不可直接否定，可用一些侧面的办法来让他接受你的建议，间接否定上司的观点。

4.难得糊涂

上司碰到比自己能力强的下属时，往往会有一些疑心病，会有所提防。他们总希望下属是比自己差一截，这样他们才能显示出自己的权威。因此，当你的能力超过上司时要装装糊涂，即使自己十分清楚的问题，也不妨多请教上司。

5.向上司诚恳认错

人非圣贤，孰能无过。特别是在竞争激烈的职场上，任何人都不可能十全十美。如果你犯了错误，千万不要想尽办法遮掩、隐瞒，以图蒙混过关。上司一旦发现，你的好日子就到头了。最明智的做法是，在上司发现问题之前，你要及时与他沟通，承认自己的错误，然后提出建设性的意见去解决问题。

6.保持一定的距离

你可以了解上司工作中的性格、作风和习惯，但对他个人生活中的事情则不必过多了解。要了解上司的意图和主张，但不要事无巨细地了解他每一个行动步骤和方法措施的意图，否则他就会觉得你有企图，就会提防你了。

总之，人在职场，学会与上司相处、周旋是一门大学问。要善于和上司进行沟通，融洽相处，你才会有施展才华的天地，你的职业前景才会更加灿烂辉煌。

职场箴言

上司也是人，只要掌握了一定的技巧，和上司融洽相处并不难。聪明的下属会根据自己上司的具体个性投其所好，为自己赢得一片天地。

做老板的左膀右臂

每一个公司的老板都不是全能的，都需要一两个或者更多的助手去帮助他，去帮助他排忧解难，帮他解决工作中或大或小的问题。而你就应该成为老板身边不可或缺的得力助手，去做老板的左膀右臂。

上司一般都把自己的下属当成是自己的人，希望下属对他能够忠诚不二，尊敬他、听他的命令，对那种抱有“身在曹营心在汉”的人是最为反感的。你若想成为领导得力的助手，使领导处处需要你、信任你，在工作中处处离不开你，那就要做到：一方面，工作上能处处为上司着想，竭尽全力为上司服务；另一方面，生活中也拉近与上司的关系，做到滴水不漏，注意上司形象，以防上司犯糊涂。

对于上司来说，他们大都喜欢有工作热情的人，接受任务时不推三阻四，积极主动地克服工作中遇到的困难，很少有怨天尤人、唉声叹气的时候，不论遇到什么挫折打击都能以一种高昂的姿态去工作，给领导留下的总是“积极能干”的好形象。

大多数人认为领导都喜欢那些听话的下属，而且领导给下属的印象也是这样的。其实，领导都希望自己的下属能替自己分忧，想他没有想到的问题；帮助他去做一些辅助的工作。

小王在一家公司的公关部门任副经理，他的外事工作经验非常丰富。在公司的一次人事变动中，新来了一位领导。

经过一段时间的接触，他发现这位新领导的外事知识很欠缺，在走马上任的几天里便出了洋相。

有一次，公司接待一位来公司访问的外商，新领导为了表示重视，决定亲自布置接待场面。小王发现领导不知道该放一些什么样的鲜花和装饰品，于是他对领导说，这些小事无需领导亲自过问，由他代劳就可以了，领导想了想同意了。结果这次活动搞得相当成功。

宴会结束后，在与领导的闲聊中，小王讲了一些外国人的禁忌和偏爱，还为领导讲了一些笑话，让领导学到了不少外事知识。

人无完人，上司懂得的知识不一定比下属多，有时候利用自己知道的知识来为上司弥补不足，让上司在工作中呼风唤雨，潇洒自如地完成工作，哪个领导不喜欢这样的下属来做自己的左膀右臂啊。

若想成为老板的左膀右臂，需要注意以下几点：

1.在工作中做个有心人，时时思考，处处思考

无论你从事什么职业、做什么工作，你都应该为公司的发展和公司遇到的事情提出合理化的建议。只要自认为对公司有帮助的建议，就要大胆地提出来。即使自己的建议没有被老板采纳，也不必耿耿于怀，因为你主动提建议是站在老板的角度，为公司着想的。这样

你才能不断进步，不断创新，从而使自己的职业生涯不断发展。

2.为老板排忧解难

作为老板，他当然希望看到员工与自己形成良好的默契，能够自觉为他排忧解难。当工作出现难题的时候，老板希望看到的是员工自己想办法解决，而不是来找自己。为老板排忧解难就是为自己创造晋升机会。不管你是想在现在的公司晋升，还是试图在外面找一个更理想的工作，作为员工都应该掌握这样一个法则：积极主动地为你的老板分担烦恼。这是获得赏识的最有效途径。

3.让老板离不开你

很多员工都有这样一种感觉：与上司相处是一件非常艰难的事情。尤其当你发现，你和你的上司完全是两种人，你们的思维方式和行为方式都格格不入时。其实，若想得到上司的赏识，并成为他离不开的人也不难，只要你不断表现出自己的工作能力就可以了。在你的上司看得到的地方，你要努力去做；在他看不到的地方，你同样也要努力。你应该相信，上司在时刻关注着你，你尽职尽责的表现，上司总会注意得到。一旦成为上司离不开的人，就证明你已经拥有了不可替代的地位了。

职场箴言

老板每天要处理很多的事情，难免会有处理不完的时候，这时，如果有一个得力的助手能够为他分忧解难，在不用吩咐的情况下能够主动出色地完成这些工作，那么你一定会成为老板心目中最优秀的员工。

用主人翁的态度对待企业

在网上曾读到这样一则故事：

一对新婚夫妇第一次到新郎家，在走进院子的时候，新娘看到新郎家有老鼠，她回过头对身后的丈夫扫了一眼，笑呵呵说："你们家居然有老鼠！"新郎不语。

第二天，睡梦中的新郎在一阵追打和轻骂声中醒来，他看见新娘手拿一根木棍边追边骂："臭老鼠，我今天非打死你不可，你居然敢到我们家来偷米！"

在小故事中，新娘对家庭的理解和描述，从"你家"到"我家"仅一字之差，可是却十分形象地反映出了新娘主人翁心态的确立过程。主人翁精神的可贵之处，就在于它能让每一个人全心全意地工作。

作为企业的一员，你就要像那个新娘一样，把自己当做公司的主人，想公司的事，救公司的急。公司是老板的，也是自己的，不要在私下里说："我为公司付出了多少"。要知道你的进步是在公司取得的，公司为你提供了一个平台。

任何一个老板都希望员工能够把公司当做自己的家，把工作当做自己一生的事业去努力、去奋斗，与公司同呼吸、共命运。同样，如果你能做到爱企如家，你就一定会成为一个值得老板信任和乐于雇佣的人。

微软(中国)有限公司前总裁唐骏曾说："我工作时的心态就好像我是公司股东一样。我不仅做好自己的本职工作，还替微软去想有哪些做得不够好或不合理的地方。其实，看到问题的员工很多，但我不仅看到了，还提了出来；提出问题的人也很多，更重要的是我提出来的时候，我已经找到解决方案了；也有人找到了解决方案，而我不只拿出解决方案，而且已经验证过了。这才是公司需要的，因为别人不这么做而我做了，所以机会就是我的了。"正是他对微软保持着一种高度负责的态度，让他在自己的职业生涯中不断晋升，最终从一名普通的工程师晋升为总裁。

当然，一个拥有主人翁精神的人，并不是让自己成为企业的主人，而是让自己时刻与企业血肉相连、心灵相通、命运相系，用这样的心态和信念去做好每一件事情，去面对每一个客户。当一个企业里每位员工的主人翁意识不断增强，责任感不断提升的时候，也就是这个企业具有强大竞争力的时候，也是这个企业取得成功而兴旺发达的时候。

新时期产业工人许振超，一个只有初中学历的码头工人，却被誉为“技术专家”。一个普通的桥吊队队长，却创造出震惊航运界的世界集装箱装卸记录。他主持编写的国内第一本港口桥吊作业手册，被大专院校列为教材。

许振超攻克桥吊修理的技术难关，并非领导给他布置的任务，而是外国工程师修理桥吊 12 天挣走 4.3 万元的事实激发了他，使他下决心要攻克桥吊修理的技术难关，为国家和企业节约资金。这种主人翁精神的确难能可贵，令人钦佩。从电路板反推电路图是非常困难的，只有初中文化的许振超硬是不信邪，凭着坚韧不拔的毅力，用整整 4 年的工余时间倒推了 12 块电路板，画了 2 尺多厚的电路图纸，终于掌握了桥吊修理的核心技术，为企业节省桥吊修理费 800 多万元。

这个事例告诉我们，树立主人翁精神，以主人翁的意识和心态从事岗位工作，那么，一切问题将会迎刃而解。用许振超自己的话说：“我爱我的岗位，我爱青岛港。做 名码头工人，我无怨无悔。”凭借着这种强烈的主人翁意识，许振超用实际行动创造出了“振超效率”，在平凡的岗位上实现了自身的价值。

所以，作为一名员工，要想成为一个值得信赖的人，就必须成为一个像老板那样承担责任的人，承担起自己职责范围内的责任。不管老板在不在，不管主管在不在，不管公司遇到什么样的挫折，都要全力以赴地为公司创造效益。

职场箴言

员工要有把自己当做公司主人的心态，你不是在为别人工作，而是在为你自己工作。当你具备做主人的心态时，你就会把公司的事当做自己的事来做。这样一来，你就会不断地提升自己的价值，成为老板眼中的优秀员工。

第八章
工作细节决定成败

在生活、工作中有许多小事，每个人都能做这些小事，但是做出来的结果却大相径庭，这是为什么呢？答案是细节。因为往往细节上的工夫决定着事情的质量和成败。细节之处造就机遇的出现，只有把细节培养成一种习惯，才会被机遇青睐，才能抓住机遇。作为一名员工，不仅要努力地工作，而且还要认真对待工作中那些看起来微不足道的小事，从工作细节中学习知识，不断提升自己。请记住：这就是你的工作，而工作中无小事。

工作中无小事

西点的教育告诉我们一个非常重要的道理:战场上无小事。很多时候,一件看起来微不足道的小事,或者一个毫不起眼的变化,却能改变一场战争的胜负。战场上无小事,这就要求每一位军官和士兵始终保持高度的注意力和责任心,始终具有清醒的头脑和敏锐的判断力,能够对战场上出现的每一个变化、每一件小事迅速作出准确的反应和决断。战场上无小事同样也适用于企业,适用于企业的每一位员工。

工作中的事情好像下棋一样,整盘棋是一件大事,而棋盘中的每一颗棋子就是工作中的每一件小事,每走一步棋都将关系着整盘棋的命运,也许你一步走错,就会造成全盘皆输的结果。工作中所做的每一件事情也是同样的道理,毕竟公司里的大决策、大事情是比较有限的,而绝大部分事情都是一些日常中的小事情。正是由于这些小事情点滴地积累,才成就了最后的大事情。

比如,士兵每天的工作就是训练、站岗、巡逻,而在最关键的时候才能担起保家卫国的重任;一名服务员的工作就是微笑,热情招待顾客,打扫房间,正是因为她们这不经意的小事,才为酒店带来了火红的生意；一位农民的工作就是种田、除草、收割这些事情，最后才得到了累累硕果。世界上任何工作都没有贵贱之分，只是分工不同而已。也许一个人每天都重复做着同样的几件小事，但是，我们绝不能对此感到疲倦、厌烦、应付，因为工作中无小事。

希尔顿饭店的创始人、世界旅馆业之王康·尼·希尔顿就是一个注重"小事"的人。康·尼·希尔顿要求他的员工："大家牢记，万万不可把我们心里的愁云摆在脸上！无论饭店本身遭到何等的困难，希尔顿服务员脸上的微笑永远是顾客的阳光。"正是这小小的永远的微笑，让希尔顿饭店的身影遍布世界各地。

很多时候，一件看起来微不足道的小事，或者一个并不明显的变化，却能改变人的命运。工作中无小事，这首先要求我们极具责任心，不放过每一个细节，认真对待它，努力完成它。有的人不愿去做小事，轻视做小事，只想成就大事，因此做事很浮躁。只有端正心态，消除贪做大事的心理，把小事做到位，才能提高自己的工作质量。

所以，在工作中千万不要抱着"大事做不了，小事不愿做"的心态而整天浑浑噩噩地混日子，那样会使自己一事无成。不妨认认真真地做好自己手里的每一件小事，在这些小事中让自己不断地成长，积累更多、更丰富的工作经验，增长自己的智慧和才干。

成功学大师卡耐基说："一个不注意小事情的人，永远不会成就大事业。"因为大事是由许多件小事组成的，而忽略了小事终究是难成大事。

一家著名的国际贸易公司高薪招聘业务人员。在众多应聘者中，有一位年轻人条件最好，毕业于名牌大学，又有3年专业外贸公司的工作经验。因此，当他面对主考官的时候显得非常自信。

"你原来在外贸公司做什么工作？"主考官问道。

"做花椒贸易。"

"以前花椒的销路非常好，可是最近几年国外客商却不要了，你知道为什么吗？"

"因为花椒质量不好。"

"你知道为什么不好吗？"

年轻人想了想，说道："一定是农民在采摘花椒的时候不细心。"

主考官看了看他，说："你错了。我去过花椒产地，采摘花椒的最佳时机只有一个月。太早了，花椒还没有成熟；太晚了，花椒在树上就已经爆裂了。花椒采好后，要在太阳下暴晒一整天，如果晒不好，就不能称之为上品了。近几年来，许多农民图省事，把采摘好的花椒放在热炕上烘干，这样烘出来的花椒虽然从颜色上看起来和晒过的花椒差不多，但是味道就相差很远了。"

"一个好的业务员要重视工作中的各个细节。"主考官说。

这个事例说明，工作中无小事。正是那些小事成就了一个又一个出色而又成功的人。如果没有小事的累积，是成就不了大事的。你只有了解到这一点，才会开始关注那些以往认为无关紧要的小事，培养做事一丝不苟的美德，从而成为一个优秀的员工。

一位年轻的女工进入一家毛织厂以后，一直从事织挂毯的工作，做了几个星期之后，她再也不愿意做这种无聊的工作了。

她去向主管辞职，低沉地叹气道："这种事情太无聊了，一会儿要我打结，一会儿又要把线剪断，这种事完全没有意义，真是在浪费时间。"

主管意味深长地说："其实，你的工作并没有浪费，其实你织出的很小的一部分是非常重要的一部分。"

主管带着她走到仓库里的挂毯面前，年轻的女工呆住了。原来，大家编织的是一幅百鸟朝凤图，她所织出的那一部分是凤凰展开的美丽的羽毛。她没有想到，在她看来没有意义的工作竟然这么伟大。

可见，工作并无大小事，每一件小事都可以算是大事，要想把每一件事做到完美，就必须固守自己的本分和岗位，付出你的热忱和努力。

菲利普·克劳斯比说过："一个由数以百万计的个人行为所构成的公司，经不起其中百分之一甚至是千分之一的行为偏离正轨。"也许一个微不足道的细节，就会把整个计划搞砸，就会给整个企业带来灭顶之灾。所以，在工作中我们不要放掉任何一个细节，都要把它当成大事认真地对待它、完成它。让重视小事成为我们的一种习惯吧，只有这样，才能培养自己的责任感，最终成就大业。

职场箴言

作为一名员工，不仅要努力地工作，而且还要认真对待工作中那些看起来微不足道的小事，从工作细节中学习知识，不断提升自己。请记住：这就是你的工作，而工作中无小事。

对小事的态度决定你能否成功

“区区小事，不值一提。”这是我常挂在嘴边的一句话。在我看来，人生浩浩几十年，区区小事，在生命的海洋中不过是一滴水罢了。对其兢兢业业，岂不是小题大做？但是没有这一滴一滴不起眼的小事，哪里有浩瀚的海洋？人生无小事，事事要用心！

海尔总裁张瑞敏说：“把每一件简单的事情做好就是不简单，把每一件平凡的工作做好就是不平凡。”现在很多人都渴望有机会证明自己是优秀的，但是他们却总是停留在梦想的阶段，而不是从现在开始，从自己身边的每一件小事做起，逐渐地去证明自己，从而使许多展示自己价值的机会和走向成功的契机都与其失之交臂了。

其实，当我们不断地从每一件小事中取得成功，并长期坚持下去，这些成功就会逐渐扩大成为大事的成功。所以，只有考虑到细节、注重细节的人，不仅认真对待工作，将小事做细，而且注重在做事的细节中找到机会，从而使自己走上成功之路。

我曾看到过这样一个真实的报道：

午后，由于瞬间的倾盆大雨，行人们纷纷进入就近的店铺躲雨。一位老妇也蹒跚地走进费城百货商店避雨，面对她略显狼狈的姿容和简朴的打扮，所有的售货员都对她视而不见。

这时，一位年轻人诚恳地走过来对她说："夫人，我能为您做点儿什么吗？"老妇人莞尔一笑："不用了，雨停后，马上就走。"老妇人随即又心神不定了，不买人家的东西，却借用人家的屋檐躲雨，似乎不近情理，于是，她打算买个小饰物，也算给自己的躲雨找个理由。

那个小伙子又走过来说："夫人，您不必为难，我给您搬了一把椅子放在门口，您坐着休息就是了。"两个小时后，雨过天晴，老妇人向那个年轻人道谢，并向他要了张名片，就走出了商店。

几个月后，费城百货公司的总经理詹姆斯收到一封信，信中要求将这位年轻人派往苏格兰收取一份装潢整个城堡的订单，并让他承包自己家族所属的几个大公司下一季度办公用品的采购订单。詹姆斯惊喜不已，匆匆一算，这一封信所带来的利益，相当于他们公司两年的利润总和。

后来，经过联系调查，才知道这封信出自一位老妇人之手，而这位老妇人正是美国亿万富翁"钢铁大王"卡内基的母亲，詹姆斯马上把这位叫菲利的年轻人推荐到公司董事会上。毫无疑问，当菲利打起行装飞往苏格兰时，他已经成为这家百货公司的合伙人了。那年，菲利 22 岁。

随后的几年中，菲利以他一贯的忠实和诚恳，成为"钢铁大王"卡内基的左膀右臂，事业扶摇直上，飞黄腾达。

菲利只用了一把椅子，就轻易地成为美国钢铁行业仅次于卡内基的重量级人物。可见，细节对一个人的成功是多么重要。

古人云："勿以善小而不为，勿以恶小而为之。"告诫我们不要认为事情小而忽略了做它的意义和作用，凡是成就大事者，都把做好每一件小事看得很重要。

西方有一句名言："罗马不是一天建成的！"因此，我们不论是在做人还是在做事方面，都要从一些细节小事做起，不断地积累经验。生活中处处都是细节，只有通过这些细节才能表现出一个人的工作态度。所以，细节虽细，小事虽小，我们也不能忽视。

2005 年世界 500 强榜单揭晓，沃尔玛零售连锁店卫冕成功，连续四年蝉联世界第一。它的成功不是新潮的管理理念，也不是大手笔的商业动作，而是从每一个细节处节约成本，在每一个能够产生利润的地方深耕。

在沃尔玛，没有浪费的纸张，一张使用过的复印纸背面，常常会再被使用；员工随身携带的工作笔记本都是废报告纸裁成的；办公室十分狭小，员工开会总是站着；他们的工作站往往是多功能的：既是经理和主管处理文件的地方，也是所有人到系统里查询数据、打印的地方，还是摆放商品的地方，更是召开部门会议的会议室和人力资源培训的教室。

一个人不怕做小事，就怕连小事也做不好。所以，不管是对于公司还是个人，最重要的是将复杂的、简单的日常工作做精细、做专业，并持之以恒地坚持下去。

生活中的每一件小事都是工作中的“细节”，小事往往能体现出一个人的修养，一个人的成熟与老练。在现实生活中不乏想做大事的人，但愿意把小事做好的人却不多。只有踏踏实实地工作，把小事做好，才能做成大事。不论是生活中还是工作中，把每一件简单的事做好就是不简单，把每一件平凡的事做好就是不平凡，把每一件小事做好终将成就大事。

职场箴言

细节之处造就机遇的出现，只有把细节培养成一种习惯，才会被机遇青睐，才能抓住机遇。在工作中少一些浮躁，多一点沉稳，少一些抱怨，多一份宽容，就会内心平和地认真地做好简单的小事，为成就大事打好基础。

注重细节，追求完美

荀子在《劝学》里这样说：“不积跬步，无以至千里；不积小流，无以成江海……”，可见在很早的时候，人们就很重视细节的问题。任何事情都是由小渐大，如果连小事情都做不好，大事便成为空想。

只有在小事上认真的人，做大事才会成绩卓越，因为细节最能体现一个人的智慧和美德。注重细节，同时也是认真、敬业、忠诚、踏实等等的代名词，这些无疑都能帮我们获取成功。

因此，我们应该把做好工作当成义不容辞的责任，而不是负担；要认真对待、注重细节，不能有半点马虎及虚假。做工作的意义在于把事情做完美，而不是做五成、六成就可以了，应该以更高的、大家都认同和满意的标准来严格要求自己。

密斯·凡·德罗是20世纪世界四位最伟大的建筑师之一，在被要求用一句最概括的话来描述他成功的原因时，他只说了五个字“魔鬼在细节”。细节的准确、生动可以成就一件伟大的作品，细节的疏忽会毁坏一个宏伟的规划。所以，我们千万不要讨厌做小事情，也不要小看小事情。

有位智者曾经说过这样一段话：“不关注小事或者不做小事的人，很难相信他会做出什么大事。做大事的成就感和自信心是由做小事的成就感积累起来的。”可惜的是，许多人在生活中往往忽视了它，与那些能够改变其人生的小事情擦肩而过。人与人之间的差别，往往就体现在一些细小的事情上，并且正是因为这些细小的事情，决定了人们不同的命运。

“无限的爱”日用品和化妆品连锁超市DM，在德国遍地皆是。这家企业的老板名叫格茨·维尔纳，是同行业中最富有的人，2003年年初时，他的个人财产已达到9.5亿欧元。

30年前，格茨·维尔纳白手起家创建了DM连锁店。他有自己的一套注重细节的经营理念，有时还会因为注重细节做出一些特别古怪的事情。

有一次，维尔纳走进一家DM分店时，他要求分店经理拿扫帚来。这家分店的经理把扫帚递给维尔纳，非常疑惑地说：“维尔纳先生，我不明白您要它做什么？”维尔纳指着地上的灯光说：“您看，灯光的亮点聚在地上，什么作用也没有。”于是，维尔纳用扫帚柄拨了一下上面的灯,让灯光照在货架上。

把灯光照在正确的位置上,维尔纳先生给他的员工做出了表率,让他的员工深刻地体会到了“工作中无小事”这个道理。

许多事业有成的人,在当小学徒或小职员的时代,就能以高度的热忱和耐心去关注工作中的细节问题。所以,任何人只有从小事做起,才能一步步踏上成功的道路。

注重细节成就非凡的人物也大有人在,例如,牛顿注意到苹果由树上掉下来这一细节,提出了万有引力定律;弗来明深入思考葡萄糖菌被污染这一细节,发明了青霉素;阿基米德从洗澡水溢出澡盆这一细节获得灵感,发现了浮力定律;沃尔玛公司坚持抓好“降低成本,为顾客省钱”的细节,发展为世界零售业巨子;丰田汽车公司把精细化的生产管理落实到细节之中,创造了辉煌的业绩;海尔公司始终坚持“精细化、零缺陷”的经营理念,使一个亏损企业发展成为世界家电巨头等等。我们不仅要看到这些人物和企业所拥有的光环和辉煌,更应该从中吸取有益于自己的东西——注重细节,追求完美。

提起汰渍洗衣粉可谓妇孺皆知,而且大家对其产品的口碑也相当不错,不仅去污力强,而且味道清香。但是宝洁公司当年推出汰渍洗衣粉,也出现过问题。

当宝洁公司刚开始推出汰渍洗衣粉时,市场占有率和销售额以惊人的速度向上飙升。但是,过了不久,这种强劲的增长势头就逐渐降下来了。宝洁公司的销售人员对此感到特别不解,虽然他们进行过大量的市场调查,但一直都找不到销量停滞不前的原因。

于是,宝洁公司召开了一次产品座谈会。在会上,有一位员工说出了汰渍洗衣粉销量下滑的关键:“汰渍洗衣粉的用量太大。”

宝洁公司的领导们急忙追问其中的缘由,这位员工说:“看看我们的广告,倒洗衣粉要倒那么长时间,衣服是洗得干净,但要用那么多洗衣粉,算计起来很不划算。”

听到这位员工的这番话,销售经理立即把广告经理找来,算了一下展示产品部分中倒洗衣粉的时间,一共3秒钟,而其他品牌的洗衣粉广告中倒洗衣粉的时间仅仅为1.5秒。

就是这1.5秒的细微差别，导致了公司产品滞销的状况和不良的产品形象。可见，在这个注重细节的时代，任何一个细微的细节都会引起消费者的关注，都会导致严重的后果，所以细节是多么的重要。

麦当劳的创始人克洛克说："我强调细节的重要性。如果你想经营出色，就必须使每一项最基本的工作都尽善尽美。"

无论是在工作中还是在生活中，做事认真仔细才能把事情做得尽善尽美。细节的成功看似偶然，实则孕育着成功的必然。细节总容易被人忽视，往往最能反映一个人做事的真实状态，因此，透过小事看人已经成为衡量、评价一个人的最重要的方式之一。

惠普公司的创始人戴维·帕卡德就说过："小事成就大事，细节成就完美。"很多细节会影响到我们的工作和前途。如果我们想有所成就，就不要忽视这些细节，以免因小失大，给自己的人生和事业带来无法弥补的损失。

职场箴言

一项重大工程也许会因为某个部门的某个细节出现了一点差错，就可能导致整个工程的失败。因此，我们必须从小处着手，于细微处切入，着眼全局，注重细节，追求完美。

做好小事，成就大事

那些一心想做大事的人，常常对小事嗤之以鼻，不屑一顾。其实大事都是由小事组成，连小事都做不好的人，大事是很难成功的。

世界文豪伏尔泰说："使人疲惫的不是远方的高山，而是鞋里的一粒沙子。”美国质量管理专家菲利普·克劳斯比说:“一个由数以百万计的个人行动所构成的公司,经不起其中1%或2%的行动偏离正轨。”大量成功和失败的企业案例都证明:我们不缺乏雄才伟略的战略家,缺少的是精益求精的执行者。

GE公司前CEO杰克·韦尔奇说过“一件简单的小事情,反映出来的是一个人的责任心。工作中的一些小细节,唯有那些心中装着大责任的人能够发现,能够做好。”在世界知名企业中的优秀员工,他们都有一个共同的特点,那就是能够把工作中的每一件小事做好,能够抓住工作中的每一个细节。如果一个连小事都做不好的人,老板怎么会把大事交付给他做呢?怎么会赢得老板的信任和重用呢?

但是,有些员工奉行做大事,认为自己高人一等,胜人一筹,从而忽视小节,结果不但没有提升自己,反而更加失败。因为他们不明白,浩瀚的大海是由一滴滴水融汇而成;茂盛的森林是千百棵树连接而成;骄人的战绩更是无数细小的成功凝聚而成。

英国国王理查三世将迎来一场关键性的战役,这场战斗将决定谁统治英国。战斗进行的那天早上,理查派了一个马夫去备好自己的战马。

“快点给它钉掌,国王希望骑着它打头阵。”马夫命令铁匠说。

“前几天我给国王全军的马都钉了掌,现在已经没有铁片了,我得找点儿来。”铁匠说,“现在等不及了,不要去找了,有什么你就用什么吧。”马夫叫道。

铁匠遵从马夫的命令,从一根铁条上弄下四个马掌,砸平、整形、固定在马蹄上,可是钉子只够钉三个掌,第四个掌没有钉子来钉了。

“我需要一两个钉子,”铁匠对马夫说。

“你就不能凑合凑合?”马夫说道。

“可以,我能把马掌钉上,但是,它不可能像其他几个那么牢固。”

“就这样了,动作快点,耽误了时间,国王会怪罪咱们俩的。”马夫叫道。

两军交锋，理查国王大喊着，率领部队冲向敌阵。他看见战场另一头有几个自己的士兵退却了，于是，他策马扬鞭冲向那儿，想去召唤士兵们继续战斗。

可是他还没走到一半，一个马掌掉了，战马跌倒了，理查也被掀倒在地，还没等理查再抓住缰绳，惊恐的战马就跳起来逃走了。他的士兵们纷纷转身撤退，对方的军队迅速包围了上来。

这个故事告诉我们，一个小小的疏忽会带来巨大的灾难。在世界商业史上，曾经叱咤风云的企业在转眼之间就灰飞烟灭，研究其失败的原因，很大一部分并不是因为什么重大的决策方案的失误，而是败在一些小细节上。个人和企业是一个道理，如果你想成就一番大事业，就必须从大处着眼，小处着手，一点一滴地积累。

2003 年美国“哥伦比亚”号航天飞机在返回地面的途中，着陆前意外地发生爆炸，飞机上七名宇航员全部遇难，全世界为之感到震惊，美国宇航局负责航天飞机计划的官员罗恩·迪特莫尔因此而被迫辞职。此前，他已经在美国宇航局工作了 26 年，并已担任 4 年的航天飞机计划主管。

出事后的调查结果表明，造成这一灾难的原因竟是一块脱落的隔热瓦。

“哥伦比亚”号航天飞机表面覆盖着 2 万余块隔热瓦，能抵御 3000 摄氏度的高温，避免航天飞机在返回大气层时外壳被高温所融化。1 月 16 日，“哥伦比亚”号升空 80 秒之后，一块从燃料箱上脱落的碎片击中了飞机左翼前部的隔热系统，宇航局的高速照相机录下了这一过程。

因为一块小小的隔热瓦，竟然毁掉了价值连城的航天飞机和无法用金钱去衡量的七条生命。与庞大的航天飞机相比较起来，几乎是微不足道的隔热瓦竟然成了这场悲剧的元凶，将一切都化为乌有。

有这样一则故事：东汉有一个名士叫陈蕃，是很有骨气的人，他少年时独自住在一间房子里，可是自己很不讲究，把住的地方搞的龌龊不堪。一天，父亲和一个朋友来看他，见到这种情景后就批评他，问他为何不打扫干净再迎接客人。他很狂，回答说："大丈夫处世，当扫除天下，安事一屋？"朋友当即反问他："一屋不扫，何以扫天下？"

陈蕃的回答很豪迈，而朋友的反问更加意味深长。一个人若想成就一番大事业，就必须从大处着眼，从小事做起。正因为有了做小事情的点点滴滴，我们才会在大事情上临危不乱。

在工作中，细节无处不在，员工自身的利益与细节密不可分。小事成就大事，细节成就完美。工作中有许许多多这样的细节，别看它们都是一些不起眼的小事，它们却决定着大结果。所以，对于那些立志成为优秀员工的人，一定要重视身边的每一件小事情。

职场箴言

那些一心想做大事的人，常常对小事嗤之以鼻，不屑一顾。其实，连小事情都做不好的人，大事是很难成功的。所以，你若想成为一名优秀员工，就必须抓住工作中的一些细节，把每一件小事都做得非常完美。

细节带来成功的机会

细节总是被人们忽略，所以细节往往也最能反映出一个人对待工作的真实状态和一个人的修养。正因为如此，通过一些小事看人，已经成为评价、衡量一个人的重要方式之一。成也细节，败也细节，一个小小的细节，就可能导致成功与你失之交臂。

而那些在各行各业出类拔萃的人物，尽管他们优点各不相同，成就也在不同领域开花结果，他们却都有一个共同的、也是最基本的特点：关注细节，把小事做到完美。也正是这些细节给他们带来了成功的机会。

日本一位著名的推销员，在每次上门拜访顾客前有一个很有意思的习惯，即每次都要提前五分钟到洗手间里面，然后把两个指头伸到嘴巴里，把嘴巴扩张，对着镜子大声说："我是最棒的，我是世界一流的，我是全世界最棒、最伟大的，我的微笑是最迷人的，顾客很喜欢我……"。

有一次，他去拜访一个老总，在公司的洗手间里，他又开始对着镜子这么大声地说："我是最棒的……"突然有一个人走进来，那个人看到他投入的样子，就善意地笑笑。到了约见的时间，推销员准时走进老总办公室，他跟秘书说："我跟你们董事长有约，下午两点见面，现在是一点五十九分五十九秒"。办公室的门打开了，推销员走进去一看，一句话都说不出了，因为他们在洗手间见过。董事长跟推销员说："先生，你今天来是想向我介绍一些产品吗？""是的，董事长，我现在跟你介绍……"董事长没有等他说下去，董事长说："不用介绍了，你今天卖的东西我全部买下了"。推销员很惊奇地说："董事长，你都不知道我在卖什么东西呢！"董事长笑着说："不用介绍了，先生，你在日本很有名呀，你写过书，你在书中说跟顾客见面前要在洗手间里对着镜子练：'我是最棒的……'我刚才都亲眼看到了。你这个人言行一致，你卖的产品不用介绍，你今天要卖的东西我全部买下来。"

细节的成功看似是偶然的，其实它孕育着成功的必然。细节不是孤立的存在的，而是隐藏在每一件事情的每一个角落，在关键时刻显示着它巨大的威力。点点滴滴的小事汇集起来就是人生成败的关键，成功人士和平庸之辈的根本区别在于对细节的重视程度。

五年前，王先生还在一家营销策划公司工作，当时一位朋友找到他，说自己公司想做一个小规模的市场调查。朋友说，这个市场调查很简单，他自己再找两个人就完全能做，希望王先生出面把业务接下来，他去运作，最后的市场调查报告由王先生把关，当然了，会给王先生一笔费用。

这的确是一笔很小的业务，没什么大的问题。市场调查报告出来以后，王先生也很明显地看出了其中的水分，但他只是做了些文字加工和修改，就把它交上去了。

一段时间过后，几位朋友邀请王先生组成一个项目小组，一块儿去完成一家大型娱乐场所的整体营销方案。没想到，对方业务主管明确提出对王先生的印象不好，原来此主管正是当年那个市场调查项目的委托人。

王先生听到这个消息后大吃一惊，但为时已晚，他也无需过多地解释了。

在生活和工作中要随时谨记：没有可以随意打发、糊弄的小人物、小事情，如果随意地忽视这些细节，必然无法达到自己的目标和要求。所以，大礼不辞小让，细节决定成败。一个人要想获得成功，在做事情时就要比别人更注重细节，更加系统地考虑问题；要比别人更有耐心一些，考虑得更长远一些。

在当今竞争激烈的商业社会中，每一个公司都在努力地扩大自己的规模来适应瞬息万变的社会，而在公司内部，员工的分工也越来越细。多数人在多数情况下还只能做一些具体的事、琐碎的事、单调的事，也许过于平淡，也许鸡毛蒜皮，但这就是工作，是成就大事不可缺少的基础。所以，我们要用心留意我们工作中的每一个细节，争取不遗漏一处，做到整个工作的完美。

职场箴言

大事都是由一件件小事积累起来的，如果忽视了小事，日积月累就可能造成大事的损失。其实，我们每天都在做着平凡的小事，只要坚持做细、做精，就会享受到它回馈的“利息”。

今日事，今日毕

古诗："明日复明日，明日何其多。我生待明日，万事成蹉跎。"这首诗旨在告诉人们，今天的事情要今天做完，千万不要推到明天做，因为明天还有明天的事情要做，如果长此以往地拖延下去，最后只能是什么事也干不成。所以，在生活和工作中，我们都要养成今日事，今日毕，绝不拖延的习惯。

某知名网站针对职场人应该养成的工作习惯做了一项调查，结果显示：大多数职场人选择的是"尽量在上班时间完成自己的工作，高效率地完成工作，争取不加班。"还有一项非常重要的工作习惯"每天的工作能按照轻重缓急进行安排"，这都是工作中必须要养成的好习惯。在每天的工作中，职场人是否能够迅速分辨出其中的轻重缓急，这是非常重要的一个工作能力。

然而我们经常会发现周边的人或者自己有拖延工作的习惯，比如今天该完成的事情，总会拖到明天再做；现在该打的电话，总要拖到两个小时以后；这个月的工作总结，总要拖到下个月上交。拖延在我们的工作中已经是司空见惯的现象了，不论大事还是小事都会留到明天去处理。

殊不知，做事拖沓则是工作中的一大禁忌，拖沓对于职场人职业生涯的影响是毋庸置疑的。工作拖沓很有可能造成工作的累积，不仅影响工作进度，长此以往还会形成懒散消极的性格，影响到个人发展。

王刚的工作状态就很糟糕，因为办事拖沓，刚进单位几个月，他在领导和同事的心中就有了这样一个定位：靠不住。同事有任务不会叫上他一起来完成，领导有项目也很少会考虑到他。

有一次领导交代王刚写份报告，周五交，他照样拖到最后期限的前一晚。当拿起同事交给他的材料一看,王刚发现不少自己不明白的地方。看看时间,已经十一点多了,要是打电话去核实,怎么都说不过去,他只好含含糊糊地把有疑点的地方掩盖掉。虽然第二天勉强交上了任务,但是领导对这份报告很不满意。

像王刚这样办事拖沓的人是不会和优秀员工沾边的,他们时刻都有被炒鱿鱼的危险。而且现在各公司提倡的是高效率地完成工作,而不是看你在工作中有多忙碌、多辛苦。再忙碌、再辛苦,到最后却没有完成工作,那就等于你什么也没有做。所以,在工作中要避免拖拉现象,做到今日的工作今日做,绝不拖到明天做。

今天的事情今天不做,非得留到明天或以后去做,其实在这个拖延中所耗去的时间和精力,就足以把今日的工作做好。所以,把今日的事情拖延到明日去做,实际上是很不合算的。那么,如何摆脱职场"拖沓"的不良习惯呢?大家需要注意以下几点:

1.对自己的工作进行分类,依次完成

有些工作量大,或难度过高而觉得无从下手的工作,不要因为压力而气馁。试着想想自己现在能开始哪一小步,而不是想自己什么时候才能做完,避免因工作过多引起的惰性和恐惧情绪。只要有计划、有步骤分配工作,就能分解压力,高效率完成工作。

2.转化思维方式

职场中的你要让"必须做"变为"想要做",给自己设定时间,提高对工作的主观能动性,这样自然而然就会让工作变得积极主动。

3.马上行动起来

任何好习惯的养成都为时不晚,早点修正自己的习惯就能早点享受到好习惯带来的收益。每一个职场人都在为成功而努力,既然认识到好的工作习惯在事业成功中所起到的重要作用,就应该在日常的工作中及时调整自己的工作习惯,从而使工作能够事半而功倍。

当然,克服坏习惯向来都不是轻轻松松在一夜之间就能完成的事情,要坚持去克服,即使偶尔退步,也不要就此放弃,要循序渐进地摆脱"拖沓"带来的职场困扰。另外,每个人产生"拖沓"的原因不尽相同，所以应当“对症下药”，这样才会收到良好的效果。

职场箴言

在工作中，只要是自己能力范围内的事情，优秀员工就会立刻去做，根本就不会拖延。要想在职场中让自己脱颖而出，就要用高效的时间去完成高效的工作，对老板交代的事情要在最短的时间内进行处理，争取让结果等老板，而不是让老板等结果。

上班迟到不是小事

每个单位都有自己的一套切实可行的管理制度，遵守制度是员工起码的职业道德。如果你刚进入一家单位，首先应该学习员工守则，熟悉组织文化，以便在制度规定的范围内行使自己的职责，发挥自己的所能。

每一名员工在职场中都会遇到迟到的问题。迟到或许是发生在自己身上，也可能发生在别人身上；可能发生在上班的时候，也可能发生在开会的时候……不管是何种，在职场中都是应该尽量避免的。因为有时候迟到了10分钟，而耽误了重要的工作，会给单位带来恶劣的影响以及无可挽回的重大损失。

迟到的后果扩展开来讲，不仅涉及到你的职业操守，更是你工作态度和生活态度的直接体现。影响的不仅是众人对你的评价，还有可能影响到你大好的职业前程和一帆风顺的职业生涯，甚至包括你的终身大事。

日本已故首相田中角荣年轻的时候最厌恶别人迟到，他是一个惜时如金的人。

一次，他约一位相处不久的女朋友吃饭，时间定在晚上六点半，结果到了预定时间，女友还踪影皆无，田中角荣这时就暗下决心，如果二十分钟后女友仍然不来，那就与她分手。

二十分钟以后，田中角荣大步走出饭店，这时，女友正从街角向这边走来，可是田中角荣对她视若无睹，直接坐上的士飞驰而去，只留下女友瞠目结舌地望着远去的车影。

试想一下，田中角荣的女朋友如果能够早到5分钟，那么她给田中角荣的印象就会完全不同，相信他们也会有一个非常愉悦的约会，甚至还有可能成就一段美好的姻缘。

当然这是一个很极端的例子，不过别以为没人注意到你的出勤情况，上司和同事可全都睁着眼睛瞧着呢！如果能提早一点儿到单位，在别人眼中你就会显得很重视这份工作。每天提前一点儿到达，你就可以对这一天的工作做个规划，当别人还在考虑当天该做什么的时候，你自己已经走在别人前面了。

常言道“一寸光阴一寸金，寸金难买寸光阴”、“时间就是金钱”、“时间就是生命”等等，可见时间是多么的宝贵，尤其在这个竞争激烈的社会里，企业越来越要求工作效率，时间的利用率已经成为一个企业生存与发展的重要因素。如果一个连上班这点时间都把握不好的人，肯定是一个不注重细节的人，那么成功也会与他绝缘。另外，上班经常迟到或者经常卡点上班对于职场人来说，或多或少都会影响自己在同事和老板心目中的形象。

小陈在公司已经干了三四年了，也算得上是公司资格比较老的员工了。她经常被同事们亲昵地称为“边缘美女”，为什么大家都这样称呼她呢？并不是因为她真的是处在什么边缘，而是因为她经常在踏进公司大门的时候，上班的铃声已经敲响了，她已经习惯这样了。

最近一段时间，公司的新主管辞职走了，新上任了一位主管。从此，小陈的麻烦就随着新主管的到来降临了。新主管在开会的时候特意为上班迟到的事情颁布了几条新制度：上班迟到10分钟以内的扣除半日工资；迟到半小时的扣除全天工资；如果迟到半天就取消周末休假。

新制度在公司实行之后，小陈不但没有把它作为公司的制度去认真地执行，而且还是按照原来的上班时间去上班，所以，她就无可厚非的成为新制度的“开拓人”，她接连几天被扣掉了工资。但是她还是没有吸取教训，不从自己身上找原因，开始抱怨新主管太无情，还以自己是公司老员工的身份跑到主管的办公室与其进行交涉。主管丝毫没有给她留面子，而是直接质问她：“你认为迟到是很正常的小事，是吧？那么你想没想过当你迟到了再走进办公室的时候，会不会影响到其他同事的工作呢？你能保证你进入办公室之后能马上投入到工作中吗？你说迟到重要不重要？会不会因为你的迟到而影响了公司的整体效益？”

面对主管严厉地质问，小陈已是哑口无言，顿时感觉非常内疚和惭愧，毕竟自己迟到是不对的。更何况，主管制定这样的制度是针对公司上下的全体工作人员而不是她自己，这也是为公司考虑，整顿一下工作的纪律和作风，无疑是对的。

守时是一种良好的习惯，也是尊重别人的具体体现。如果一个人连最起码的时间观念都没有的话，他做事还会讲求工作效率吗？还会给别人留下好印象和得到别人的信任吗？常常迟到既会让事情变得杂乱无章，又会妨碍全体成员的工作进度。这样的人无法为他人所信赖的，更无法让上司或老板信任。所以无论在生活中还是在工作中，都要养成良好的时间观念，学会更好地利用时间。

职场箴言

千万不要把迟到看作是“小毛病”，认为即使是迟到了也只不过被上司说两句，没什么大不了的。在时间就是金钱、效率就是生命的社会里，要想成为一名优秀的员工，既要抓大事，也不能忽视迟到这样的“小事”。只有这样，才能不断提高自身的素质，适应时代的需要。

重视平凡的工作岗位

平凡并不等于平庸,一个人可以平凡,但不能平庸,埋下头去做一个平凡的人,努力从平凡的小事做起。人的不平凡是孕育在一件件平凡的工作中,人的高尚情怀体现在一个个平凡的工作岗位上。综观古今中外,有多少人才出现在平凡的岗位上。一个人不论你处在一个什么样的地位,只有牢牢地抓住今天,才可能迎来成功的明天。

世界就像一个大机器,我们每一个人都是机器上的一个齿轮,每个齿轮的松动都会影响其他齿轮的正常运转,进而影响到整个机器。无论是领袖还是百姓,无论是教授还是农民,无论是领导还是员工,只有做好自己的本职工作才算是称职。

帕特里克·费希尔在年轻的时候,是一个机器制造厂里看管旋钉子机器的工人,每天从早到晚所接触的都是钉子,工作对他来说真是枯燥透顶。费希尔满腹牢骚,怨言不断,在他身旁工作的另一位工人听了,认为他的话正好说出了自己想要说的,不知不觉地也抱怨起来。

后来,费希尔想:难道没有办法把工作变成有趣的游戏吗?于是他开始研究怎样改进工作,以及如何增加工作的乐趣。他对同事说:“我们来一场比赛,你负责做旋钉机上磨钉子的工作,把钉子外面一层粗糙磨光。我负责做旋钉子的工作,谁做得最快谁就赢了。”他的提议立即得到同事的响应,于是他们开始比赛,结果工作效率竟然提高了一倍。老板对此大加赞扬,费希尔后来成为了机器制造厂的厂长。

只要在平凡的岗位上做好本职工作,主动承担工作责任,以公司的利益为重,尽心尽责,乐于奉献,就会取得巨大的成绩。

平凡不是错误，我们每一个人原本都是平凡的，不平凡是在以后的生活和工作中形成的，所以不要抱怨自己平凡的起点。戴尔·卡内基说过："即使对于看似渺小的工作也要尽最大的努力。每一次的征服都会使你变得更强大。如果你用心将渺小的工作做好，伟大的工作往往就会水到渠成。"所以，事业的路就在脚下，只需要一步一步坚定地走。

大专毕业的小何由于求职不顺利，毅然决定放弃原先坚持的专业，成为了某知名奶品公司的超市走访员。辛苦的工作没有击垮小何，但面对周遭的质疑，他曾经动摇，"超市走访员真的会有未来吗？"内心的答案让他坚持下来，因为他是真的喜欢这份工作。同时，这份工作教会了他如何与人沟通，教会他如何从纷繁的销售数据中把握市场的动态。很快，公司看到了小何的付出和能力，将其提升为小区域经理，后来又升至大区域经理。

小何的成功不是偶然的，是他在平凡中坚持下来的结果。在我们身边经常会看到有人抱怨自己没有找到一个好的工作岗位，这些人心里总是认为，只有一个好的工作环境才能展现自己的才华，才能成就自己的成功。而那些不被人们重视的平凡工作岗位，注定一辈子平平庸庸，不可能造就出人才。其实，三百六十行，行行出状元。在各行各业平凡的岗位上，同样是人才辈出。

关于李素丽的事迹，相信没有一个人不知道，但在李素丽年轻的时候，她的理想是当电视台的一名播音员或者是主持人。所以在参加高考后，她毫不犹豫地报考了北京广播学院，结果遗憾的是，她以 12 分之差与大学无缘。

落榜后的李素丽当上了一名公交售票员，但是她并没有因为售票员的平凡而轻视这项工作，。而是认真负责，尽力当好这个车厢里的主持人。

工作 20 多年，无论在什么岗位上，人们从李素丽身上看到的始终是真诚的笑脸、热情的话语、周到的服务、细致的关怀。李素丽经常说的一句话就是："认真做事只能把事情做对，用心做事才能把事情做好。"

平凡与不平凡只是同一个事物不同的两个侧面。李素丽从事的公交售票员的工作，可以说是最平凡的工作了，但是她却能够在平凡的岗位上默默无闻、兢兢业业地工作20年。可见，一份工作是否平凡，不在于工作的内在性质，而是人们对它的态度。任何平凡的岗位都能出人才、出奇迹、出成果，关键在于你怎么去做。

其实，生活中大部分人都只是平凡人，没有光鲜的背景，没有一蹴而就的事业，没有大把随手可得的机会。但是，正因为如此，就更应该怀着坚定的心，固守平凡的岗位，造就不平凡的自己。

职场箴言

成功的事业未必就一定要辉煌灿烂，平凡的岗位也会波澜壮阔。我们都是平凡的人，只要每天用心多一点，就可以在许许多多平凡的工作岗位上，干出许许多多不平凡的成绩。

第九章
在工作中不断提升自我价值

每一个人在刚步入社会开始自己的第一份工作之时，对自己所从事的工作不可能了如指掌，而是通过在工作中不断地学习，积累工作经验，渐渐地提升自己的能力。所以在工作中不断提升自我价值，是每一位员工必须要做的事情。只有在工作中掌握了更多的技能，学习了更多的知识，积累了丰富的工作经验，才能使自己适应这个瞬息万变、竞争激烈的社会。

在工作中找准自己的位置

曾经看过这样一则小故事：

有两只老虎，一只在笼子里，一只在野地里，笼子里的老虎三餐无忧，野地里的老虎自由自在，它们互相羡慕对方的自由或安逸，最后两只老虎决定互换位置。但不久两只老虎都死了，一只因饥饿而死，一只因忧郁而死。从笼子里走出的老虎获得了自由，却没有获得捕食的本领，走进笼子里的老虎获得了安逸，却没有获得在狭小空间生活的心境。

这个小故事旨在说明，在生活中，每个人必须根据自己的实际情况来选择自己的生存原则，在工作中，要根据自己的工作性质而正确地选择自己的位置。不要羡慕别人的生活或者工作，因为别人的生活和工作也许正是自己的坟墓。

公司是一个复杂的大棋局，而每个人只是其中的一枚棋子。不管你处在一个什么样的位置上，都应明确自己在企业中发挥着怎样的作用，努力让自己的工作做到最好。

小王是学市场营销的，工作了两年，都是在频繁的换工作中度过的，迄今已在从事第三份工作了。换工作的原因多种多样，他并不像有些人一进社会就想有个高薪的好工作，他渴望能找个与所学专业接近、让自己感兴趣的工作。他所做的第一份工作是采购，可是他对这份工作缺乏兴趣，又认为它简单枯燥，做起来很乏味没劲。于是，草草换到另一份图书策划的工作，虽然他下定决心要做好，但是他在这方面完全是个新手，从头学起非常吃力，而且他的兴趣也不在此，工作起来更是力不从心。他最想做的是与人沟通类的职业，而不是策划，最后他还是选择了放弃，对于自己的未来，他坦言很茫然无助。

工作了一两年还只是浑浑噩噩，找不到自己的职场定位，这是很可怕的。像小王这种刚步入社会就栽跟斗的年轻人并不少，造成他们这种失败经历的最主要原因，就是他们没能对自己进行明确的职业定位。

选择工作并不是我们想象中找个糊口谋生手段那样简单，它就是我们的事业，是我们的人生发展方向，是我们的梦想飞翔的起点。如果花费了时间和精力，却做得淡然无味又没有成绩，何不在一开始就冷静想想自己的优缺点和兴趣所在、自己适合做哪种工作等等。

大家都听过“龟兔赛跑”这个故事，但它的后续故事据说是这样的：

兔子不服气，提出要与乌龟重新赛跑一次，它决心这次一定不轻敌，要认真地跑完全程。乌龟答应了，所有人都认为这次兔子必定会赢。比赛开始后，乌龟依旧像上次那样老老实实地向前一步步爬行着，可是没料到，到了终点后乌龟发现自己仍是首个到达的。

原来兔子出发时太过急切，竟然连方向都弄错了，一路上只顾狂奔也没有发现。可怜的兔子这次虽然有一百分的认真，还是输了比赛。

可见一开始你的个人职业定位至关重要。史蒂芬·柯维说：“在你开始攀登成功之梯时，首先要确定这部梯子靠对了地方。”所以，每个人在工作中都要找准自己的位置，承担属于自己的责任，这样才能得到上司的赏识和重用。

王娜和张燕毕业后同时被一所知名学校聘用为校长办公室秘书，负责起草文件、对外宣传以及一些日常接待工作等。王娜活泼好动，总是喜欢在某些场合表现自己，因为她长得非常漂亮，偶尔有些小的错误,大家总是原谅她。而张燕则不同,她虽然普普通通,但是她却找准了自己的位置,开始工作后,她便从了解学校各部门的职能做起,对照学校的远景规划和年度工作目标,熟悉学校每项工作的进展情况,并对今后的工作做出前瞻性的预测和判断,以此提高自身的素养。在遇到合适的机会时,她就会把自己成熟的想法向校长作适当的汇报。

一次,王娜和张燕一起陪校长去会见一位给新校园投资的大公司老板,签一份重要的合同。在他们签合同的时候,外面突然下起了小雨。当张燕从司机处获悉车上没有雨伞后,她便立即掏钱给司机,让他赶快到附近的商店去买一把雨伞。等校长签完合同与投资方从宾馆里走出来的时候,雨下得正急。面对这种情况,王娜手足无措,而张燕则接过司机送来的伞递给了校长,校长从容地为投资方老板打伞,送其上车。事后,校长对王娜和张燕的看法发生了很大的转变。

二人在学校干了四年,第一年张燕做的是普通秘书,第二年便升任办公室副主任,第三年由副转正,第四年出任校长助理。而王娜仍然是一名普普通通的办公室秘书。

秘书的职责就是辅助决策者做好必要的日常工作,处理好各种日常问题。下雨时为老板准备雨伞是秘书职责范围内的事情,张燕做到了。而王娜没有找准自己的位置,忘记了她作为秘书的职责,所以她没有得到升迁。

世界500强企业之一的柯达公司,每一名新进员工都要了解公司对自己有什么期待,也要根据自身的兴趣与特长进行职业生涯设计。每年年初,公司必做的事情就是与员工一起设定当年的工作目标,要求每一名员工在新的一年中挑战自己过去的成就。主管会倾听员工今年的发展计划并一同讨论,通过对员工个人发展计划的讨论,员工可以发现自己的长处与弱项。这是柯达公司比较特殊的,也是正式的人才发展的计划,名为"员工个人发展计划",这是让员工职业发展更加顺畅的快捷方式,也对柯达培养出大批优秀人才起着重要作用。

所以,作为公司一名员工,无论你干什么工作,成功的关键就是要找准自己的位置，承担起属于自己的责任，言行与自己的位置相符，把属于自己的工作做到位。

职场箴言

其实我们的一生就是一个不断寻找自己位置的过程：生活中的位置、工作中的位置、家庭中的位置……只有找准自己的位置，个人价值才会得到实现，人生也才是有意义的。

让自己成为不可替代的员工

两匹马各拉一辆木车，前面的一匹走得很好，而后面的一匹常停下来东张西望，显得心不在焉。人们便把后面一辆车上的货挪到前面一辆车上去，等到后面那辆车上的东西都搬完了，后面那匹马便轻快地前进，并且对前面那匹马说："你辛苦吧，流汗吧，你越是努力干，人家越是要折磨你，真是个自找苦吃的笨蛋！"

来到车马店的时候，主人说："既然只用一匹马拉车，我养两匹马干嘛？不如好好地喂养一匹马，把另一匹马宰掉，总还能拿到一张皮吧。"结果，这匹懒马被主人杀掉了。

把马换成人，雇主当然不会把不称职的员工杀掉，但他肯定会解雇他。而剩下的那匹马，似乎表现得是"自讨苦吃"，但后来却成为了主人不可替代的拉车马匹。

在竞争越来越激烈的今天，你可以在许多方面平平庸庸，但你必须至少在某一方面很出色，只有这样，你才可能成为企业中不可被别人替代的人。

成功学大师拿破仑·希尔博士曾经说过："专业知识是这个社会帮助我们将愿望化作黄金的重要渠道。也就是说，你如果要想获得更多的财富，就应不断学习和掌握与你所从事行业有关的专业知识。不管怎样，你都要在你的行业里成为第一等的专才。只要这样，你才可以鹤立鸡群，出类拔萃。”所以，不论处在什么工作岗位，我们都要有自己独树一帜的过人之处，使自己成为该岗位上的专才，使自己不可被替代。

美国一工程师的维修出场费高达1万美元。有一次他应邀到某工厂维修大型机器，他转了一会儿，敲敲这儿，听听那儿，最后在机器的一个部位画了一条直线，说：“问题就在这里。”工人将那个部位拆开，修理完之后，机器果然重新运转起来，工人们一起叫好。厂里付给他1万美元，工人们羡慕地说：“你画的这条线可真贵呀，一条线值1万美元。”工程师回答道：“这条线其实只值1美元，可是知道在哪里画这条线值9999美元。”知道这条线画在哪里，这就是这位工程师的重要性所在，说明了他是不可替代的。

一般来说，常人做事，单方面偏向自身利益考虑问题，对自己有利的，便认为是正确的；对自己不利的，便加以反对，而不考虑事情本该是什么样子的。这虽然是人之常情，但在利害不明时，这种心态使他们倾向于保守，他们只敢交易，不敢投资；只敢“拿一份钱干一份活”，不敢“干一份活拿一份钱”，从而错失了许多赢利的机会。

一个做事有原则的人，能够突破自身利益的局限，考虑怎样对工作有利，考虑怎样对对方有利。而且他敢于根据事情需要，先付出自己的努力。这是在进行投资，也有亏本的可能，但终将赢取大利。

在美国，有一个年轻人取得了博士学位，却总是因工作岗位与自己的学历不相符，每天都奔波在求职的路上。最后为了生计，他以大专的学历在一家制造燃油机的企业担任质检员，薪水比普通工人还低。工作半个月后，他发现该公司生产成本高、产品质量差，于是他便不遗余力地说服公司老板推行改革以占领市场。

身边的同事都在嘲笑他，认为他不值得为那点儿薪水卖劲儿。他却认为这是在为自己工作，并感到很快乐。几个月后，这个年轻人晋升为副经理，薪水翻了几倍。尤为重要的是，这几个月的改革让企业增加了几千万美元的收入。

可见，优秀员工的价值不是老板或别人施舍的，而是由市场需求和自己的能力决定的。所以，你要努力工作，为公司创造一流的业绩，同时也让自己变得重要，成为企业需要的人。这样一来，你的薪酬增加就是理所当然的事情了。

职场箴言

塞内加曾说："只有少数人以理性指导生活，其他人则像湍流中的泳者——他们不确定自己的航程，只是随波逐流。"在职场中，你要掌握一项别人没有掌握的技能，让自己成为不可替代的员工，你的薪酬自然就会跟着增加。

为自己工作

"我们是在为谁工作？"这是我们上班的第一天就应该想清楚的问题。但是许多人直到职业生涯的尽头，也没能很好地回答这个问题。人生离不开工作，俗话说的好："今天不努力工作，明天努力找工作"，工作不仅能赚到养家糊口的薪水，同时也能锻炼自己的意志，提高才能。工作是一个关于生命的问题，所以从这个角度来看，工作是为了自己。

当你拥有第一份工作的时候，你正在体现你生命的价值；当你做好一份工作的时候，你正在使你的生命升华。只有懂得工作不仅是为企业，更是为自己的人，才能真正懂得工作是多么快乐，生命是多么有意义。

现在有很多年轻的朋友，因为诸如报酬不好、环境不好、公司不好、上司不好之类的理由而缺乏工作的热情，总会说诸如"我不给他干了”之类的话，结果使一些原本拥有丰富的知识、非凡的能力的年轻人，因为不断抱怨而错失了人生中宝贵的机会。

张彪是一家贸易公司的销售人员。刚进公司时，张彪浑身充满了干劲，总是积极主动地为公司做更多的事情。但是，随着他与老板接触时间的增多，他渐渐地发现老板太苛刻了，根本不值得他如此勤奋地为公司工作。同时，身边的同事也劝他说：“工作嘛，又不是为自己，说得过去就行了，干吗那么拼命！”张彪认为同事说得很有道理，便改变了以往的工作态度，常常花费很多精力来逃避工作，却不愿花相同的精力来努力完成工作，每天是“做一天和尚撞一天钟”。结果等到公司年终总结时，张彪因为工作态度不端正而被公司辞退了。

没有任何一个老板喜欢整天抱怨的员工，我们必须意识到我们在为企业工作的同时，也是在为自己工作。有人说：“一个人的工作就是他亲手制成的雕像，美丽还是丑恶，可爱还是可憎，都是由他一手造成的。”所以，不要试图糊弄老板，能够成为老板的人毕竟还是相对聪明的人，有时他没有指出来，但并不代表他不知道。再说，一个人在工作中的一举一动，都是在构建自己的人生大厦，糊弄工作的结果必定是糊弄自己的人生。

美国著名出版商乔治·W·齐兹 12 岁时，便到费城一家书店当营业员，他工作勤奋，常常积极主动地做一些分外的工作。他说：“我并不仅仅只做我分内的工作，而是努力去做我力所能及的一切工作，并且是一心一意地去做。我想让老板承认，我是一个比他想象中更加有用的人，只有这样，我才能够得到我想要的。”

俗话说：“一分耕耘，一分收获。”我们每个人都是在为自己工作，每一份付出和努力，都将得到或必将得到超值的回报。只不过有时候你努力过，上天立刻回报你；而有的时候，上天先把给你的回报存起来，到时候再连本带利一起给你，那时，你将成功地跃上人生的一个大台阶。所以，付出也需要坚持，坚持才能等到更大的收获。

良好的工作态度也是成功的关键。那些成功的人都拥有积极向上的人生态度，他们工作起来严谨而认真，他们是优秀的管理者。重要的是，他们当年身为普通员工时，也是优秀的员工。他们可能做过多种工作，但无论他们从事何种工作，在何种岗位上，他们总是会认真而用心地把每件工作做好。

一位管理者说："如果一个人不从心态上调整自己，即使换一万份工作，情况也不会有所改观。"的确，决定一个人前途的并不是工作岗位，而是对待工作的态度。你要时刻谨记：工作是我们自己的，而不是别人的，要以积极正确的态度面对自己的工作。

职场箴言

当我们开始推诿责任，当我们丧失工作激情，当我们对工作产生怨恨的时候，我们就需要暂时停下手中的工作，认真反问一下自己："我是为谁工作？"然后，努力去做。

不断创新，为公司增值

在竞争激烈的国内外市场中，企业要保持不败之地，主要取决于经济实力、竞争力和生产劳动率，但更取决于创新能力。创新能力不但决定着一个员工的命运，同时也决定着一个企业的命运。员工的创意为公司带来的价值是无法估量的，所以说，一个公司拥有了具有很强创新能力的员工，也就赢得了市场。

日本东芝电器公司曾在1952年的时候积压了大量的电扇，7万多名职工为了打开销路，搜肠刮肚地想了很多办法，但是最后也没有解决问题。

有一天，一个小职员想到了一个办法——改变电扇的颜色。当时，全世界的电扇都是黑色的，没有人想过要把电扇做成其他颜色的，这一建议引起了东芝董事长的重视，经过一番深入的研究，公司采纳了他的这个建议。

在第二年的夏天，东芝推出了一批浅蓝色的电扇，没想到市场上掀起了一阵抢购热潮，几个月之内东芝就卖出了几十万台电扇。从那以后，日本乃至全世界的电扇都不只是一副黑色的面孔了。

可见，一个好的创意可以让一个濒临破产的企业起死回生，能让一个默默无闻的企业名声大噪，还能让一个成功的企业独占一席。所以，现在的企业都很重视员工创新能力的培养。

你若想成为一名具有创新能力的优秀员工，需要注意以下几点：

1.强迫自己创新

强制自己换一种角度和思维模式看待已经完成的工作，可以用一种类似自我训练和实验的办法展开：每当完成一项工作任务之后，就给自己一些时间，思考出至少两种另外的解决办法。然后，拿着你想到的两种办法，通过征求身边的人的意见，判断自己的创新想法有无可行性，有什么利弊等等。

2.寻找创新的灵感

创新不仅需要智慧和灵感，更需要日积月累、厚积薄发。在你抱怨一件事情没有突破，想不出创新办法的时候，可以从自身下手，先检视一下自己是否足够沉浸其中，当你全情投入之时，也许好点子就会如约一个个地蹦出来。另外，当一个人冥思苦想仍然缺乏灵感时，可以试着把自己的问题讲给周围的同学和朋友，请他们来当你的军师，也许在七嘴八舌间就会找到创新的灵感。

3.有突破常规的勇气

常有所疑，是创新的开端；而勇于破疑，则是创新的动力。这也是创新过程中很重要的一环。然而创新的过程往往充满了挑战，不仅需要打破常规，也需要挑战权威。这种时候，坚定的信念和无畏的勇气是创新成功的关键，也是推动事物乃至历史前行的力量。

4.不要为了创新而创新

对于职场人士来说，创新是为了更快、更好地达成工作目标。为了创新而创新，就像空中楼阁一般危险，很容易由于盲目导致激进，造成项目或事业大厦的坍塌。

总之，思维是人类最为本质的特征，是人类活动的源头，也是创新的源头。有了创新思维，人类社会才能不断地进步。但是人类的思维常常会被一种特定的东西所局限，或者存在着某种障碍，所以要想发挥自己的创新能力，就必须突破局限。只有创新，社会才能继续向前发展，企业才能不断发展壮大，个人才能走向成功。

职场箴言

知道事物应该是什么样，说明你是聪明的人；知道事物实际是什么样，说明你是有经验的人；知道怎样使事物变得更好，说明你是有才能的人。只要我们在生活中学会变化思维看问题，抓住每一个可能创新的细节，经常去积极思考，我们就一定会成为具有创意能力的优秀员工。

及时为自己充电

在如今竞争激烈的职场生存环境中，找一份比较合适的工作很困难，找一份自己喜爱的工作更是难上加难。我们所能做的就是“干一行，爱一行”，尽量达到谋生和人生追求的和谐统一，否则眼高手低可能会耽误了一生。如果想在一个行业中深入发展下去，充电是必不可少的途径，否则，在别人大踏步前进的时候，停滞不前的人就意味着在“贬值”。

但有一些职场中人以为，只要自己身处这个职位就高枕无忧了，从来不去想通过学习提高自己的能力和实力，只是一味地抱怨公司和领导对自己不够注视。其实问题就在自身，如果你经常学习，加强自己的业务水平，不断掌握行业中最新的知识，了解行业的发展方向,让自己的知识储备能够满足工作岗位的需求,游刃有余地完成公司的每一项任务,这样你就不必担心你得不到老板的赏识,也不要怕得不到公司的重用。

小张很不满意自己现在的工作,愤愤地对朋友说:“我的老板一点不把我放在眼里,改天我要对他拍桌子,然后辞职不干。”

朋友建议道:“君子报仇十年不晚,公司是免费学习的地方,建议你把公司业务完全搞通,甚至很小的故障都会及时排除,既出了气,又有收获,然后再辞职不干。”

小张听从了朋友的建议,从此默默地学、偷偷地记,收获颇丰。

一年后,那位朋友偶遇小张,问道:“你现在大概都学会了,准备拍桌子不干了吧?”

“可是近半年来,老板对我刮目相看,不断加薪并委以重任,我已成为公司的红人了!”

“我早就料到的!”他的朋友笑着说:“当初老板不重视你,是因为你能力不足,又不努力学习;而后你痛下苦功,工作能力不断提高,当然会令他刮目相看。”

当今,能够拥有一份好工作很不容易,要想在这个岗位上站稳脚跟就更不容易,如果你在工作中不去努力学习提高自己,就会被淘汰出局。因为不学习就会缺乏知识,缺乏了知识就意味着在竞争中失去了资本。

对于每个职场人来说,每个人的发展目标不同,每个人都处在不同的职业生涯发展阶段,如何充电还得细细思量一番,否则一不小心就会掉进充电的误区,好事反成了坏事。职场人充电要注意以下两大忌。

一忌:多一个证书没坏处

很多人都认为多一个证书没坏处,所以市场上流行什么,什么证书最吃香,他就学什么。拿了一大堆的证书,似乎什么都能干,竞争力增强了。其实不然,这样的“充电”对个人来说不仅是金钱和时间上的损失,更关键的是很容易把自己的职业观念引入歧路。首先,有一大堆不成体系的证书之后,就会觉得自己已经是个“通才”了,什么都能干,但到底自己最擅长什么,干哪一行最好呢?自己会很迷茫;其次,去求职的时候,用人单位看到你的一大堆证书也会很迷茫,可能会认为你缺乏明确的职业发展目标,没有选择能力,反而对求职不利。

二忌:在错误的时间点不恰当地充电

积极充电,提高自己的能力是对的,可是却在一个错误的时间点上来进行,结果同样是事倍功半。比如,小张大学毕业工作一年多,职位是公司的行政管理助理。一段时间以来,小张发觉自己很喜欢做管理工作,于是小张想到了“充电”,她想去读 MBA,因为这似乎是成功人士的必修课。但牺牲了双休日坐在 MBA 课堂里的小张却感觉很差,一方面身边的同学看起来平均年龄都比自己要大十来岁,无论是职位、阅历都远胜于她,不少人都是开着小车来上课;另一方面,虽然自己在工作上得心应手,可真的坐到课堂里听老师讲企业战略、并购重组,小张又觉得离自己的生活很遥远,对上课也没什么兴趣了。

可见,小张想朝管理方面发展,“进补”企业管理知识的大方向是对的,关键是选择的充电计划在时间上不太恰当。小张不如等自己工作五六年后,工作经验相对丰富,职位也有了提升,且职业发展的方向更加明确时,再读个 MBA 学位,这样对自己的发展更有好处。所以,在不同的阶段,根据自己职业发展的状况、专业水平、工作能力以及今后一段时间职业发展的目标,来选择恰当的培训,这才是上策。

人一生下来很少具备很强的能力,大家几乎都是从同一个起点开始的,而那些成功的人都是在后天的环境中不断地学习积累经验走向成功的。随着市场竞争的加剧,对知识的要求也是越来越高,而且知识的更新换代也越来越快。作为一名员工,无论你处在一个什么样的阶段,学习的脚步都不能稍有停歇,要把工作视为学习的殿堂。只有这样你才能适应这个社会,永不失业。

职场箴言

在这个人才济济,知识大爆炸的时代,实力和能力的打拼也是越来越激烈，谁不学习，谁就会被淘汰出局。所以，优秀的员工在工作中要注重培养自己的学习能力，靠不断地学习解决工作中遇到的一个个难题，最终让自己发出耀眼的光。

创业绩离不开勤奋

俗话说："一勤天下无难事。"与其说勤奋是一种精神，倒不如说勤奋是成功的基石，是决定一个人成功的能力。成功离不开勤奋，勤能补拙。在商业领域中，从松下幸之助、比尔·盖茨、乔·吉拉德到其他成功的人士，他们的成功固然离不开天时地利，离不开时代赋予的种种机遇以及他们生命底色中某些与生俱来的素质，但不可否认的是，他们背后更多的是靠后天自身的努力与勤奋。

所以，如果说忠诚敬业是一个优秀员工的职业操守，勤奋努力则是最完美的职业态度。只有勤勤恳恳、扎扎实实地勤奋工作，才能把自己的才能和潜力全部发挥出来，才能在短时间内创造出更多的价值。

乔·吉拉德曾连续 12 年荣登世界吉尼斯纪录大全世界销售第一的宝座。他所保持的世界汽车销售纪录，连续 12 年平均每天销售 6 辆车，至今无人超越。他的成功难道是注定的还是有什么秘诀吗？尽管乔·吉拉德一再强调"没有秘密"，但还是把他卖车的公关诀窍抖了出来：他把所有客户档案都建立系统的储存，每月要发出 1.6 万张自己的名片，无论是否买他的车，只要有过接触，他都会让未来的客户群记住乔·吉拉德这个名字。除了在销售过程中保持充分的自信外，乔·吉拉德的成功也离不开勤奋。天道酬勤，像乔·吉拉德这样成功的营销大师，正因为在平常的工作中加倍的勤奋，才赢得最伟大的汽车销售员的美誉，才赢得了客户的信赖。

可见，勤奋是通向成功的必经之路。那些成功者，那些做出了惊天动地大事的伟人，那些忠诚敬业、成就卓越的人，他们都有一个共同的特点，那就是勤奋。从来没有一次成功是不需经过勤奋努力奋斗而得来的，从没有一个成功者是散漫懒惰的。

然而，现在有些人总喜欢为自己的懒惰寻找这样那样的借口。他们每天看似忙忙碌碌，似乎总有干不完的工作，实则，他们在忙碌的过程中有很多时候是在做着工作以外的事情，本来一个小时就可以完成的工作，却要用两个小时来完成。

如果你只是把工作当成是一件不得不去做的事情，每天浑浑噩噩、得过且过地应付着，从来不把工作当做自己的事业，当做自己生命中有意义的一部分去做，那么你脑海里再伟大的构想也终归是海市蜃楼、空中楼阁，成功永远也不会垂青于你。

也许你没有丰富的工作经验，也没有超人的智慧，能力也不及他人，但是只要你有勤奋的精神，为自己的工作付出了艰辛的努力，总有一天，你会成为最优秀的人才。

冯刚就是靠着自己的勤奋而获得事业上的成功。他目前是杭州市一家建筑公司的副总裁，而在几年前，他只是一名在工地上很不起眼的送水工人。当其他送水工人把水桶搬进来，一面抱怨薪水太少，一面悄悄地躲在一边抽烟的时候，冯刚却给每一位工人的水杯里倒满水，并利用一切可以利用的时间来了解和工作有关的情况，替他们做一些力所能及的事情。

结果在两个星期后，他就当上了公司的计时员。已经是计时员的他依然非常勤奋，每天第一个到工地的总是他，最后一个离开的还是他。他的勤奋使他对建筑工作的每一个流程都非常的熟悉，连工地上最有经验的工人也经常向他请教。

现在，他已经成为公司的副总，他依然特别专注于自己的工作。他经常鼓励大家学习和运用新知识，还经常拟定一些计划、画草图，向大家提出各种好的建议。只要给他时间，他可以把客户希望他做的所有事情都做好。

人们常常用薪水来衡量自己做工作的多少，认为公司给我多少钱，我就做多少钱的活，做的太多了公司也不会为自己加一分钱，那样自己会很吃亏。还有人认为，只要自己每天完成自己分内的工作就可以了，至于公司里的其他事情，自然会有别人去做。抱着这样的心态，即使你很有能力，很有才华，但是不去在实践中运用，最后也会被埋没。

因此，只有勤奋才能够创造出出色的业绩，也只有勤奋的人才有资格享受成功后的喜悦。勤奋工作是一种等待，是一种积蓄，只有这样，在关键时刻才能让自己大放光彩。

职场箴言

没有一番寒彻骨，哪得梅花扑鼻香。成功没有捷径，只有勤奋这条唯一的路，这是一条必经的路。只有勤奋，才能从工作中发现问题，才能在不断解决问题的过程中学到更多不曾学到的知识，才能积累丰富的经验，最终取得成功。

把工作当成事业来做

每个人在工作之初的起跑点总是相同的，但是在经过若干年之后，有的人会成为企业的骨干，在工作中如鱼得水；而有的人却平平庸庸，原地踏步。为什么会出现这种情况呢？这其中当然有个人能力和工作经验的因素，但是最主要的还是对待工作的态度。

有这样一个故事。

在一个小镇上，路人问三个石匠在做什么。第一个石匠说：“我每天都枯燥无味地搬石头砌墙。”第二个石匠说：“我的工作很重要，我要把墙垒好，这样房子才结实。”第三个石匠则目光炯炯地说：“我的责任十分重大，这是镇上的第一所教堂，我要将它建成百年的标志。”

当今社会，职场人士承担着巨大的有形或无形的压力。许多人不尊重自己的工作，对自己的工作不满，觉得没什么意思，非常不快乐。他们认为自己是迫于无奈才选择了这份工作，或者他们认为工作枯燥无味，完全不是自己所想像的情形。于是他们把工作当做一件苦差事，在工作中愁眉苦脸，不断叹气，在无聊中等待下班，在碌碌无为中虚度光阴，从热爱工作到应付工作再到逃避工作。

老板都喜欢那些勤奋、诚实的员工，而老板总是会将升迁和加薪的机会留给那些踏踏实实做事，努力上进的员工的。如果你赋予了工作实际的意义，那么无论工作大小，再辛苦、再劳累，你也会感到快乐的。

如果把工作当成自己的事业，一个人就会因此而迸发出无尽的热情与活力，自己的潜能也会得到最大程度地发挥。如果你视工作为一种义务，那么你的人生就是地狱；如果你视工作为一种乐趣，那么你的人生就是天堂。

德国思想家马克思·韦伯认为，有的人之所以愿意为工作献身，是因为他们有了一种“天职感”，他们相信自己所从事的工作是神圣事业的一部分，即使是再平凡的工作，也会从中获得某种人生价值。

的确，富有事业感的人，他们通过工作所获得的不仅是物质、荣誉等外在报酬，更重要的是获得了内心的满足感和自我价值的实现。在功名之外，他们努力追求着一个完美的境界，发现自己生存的意义，感受幸福和自我满足。

但很多人都把自己的事业理解成自己创业开公司，其实这是一种片面的想法。在我们身边能够从一份普通的工作中成就自己事业的名人事例不胜枚举，例如微软大中华总裁唐骏，唐骏的成名在于他不仅仅是打工皇帝，更为重要的是他激励了更多管理精英加入职业经理人的行列，并且把职业当做自己的事业来经营。

下面看看华人首富李嘉诚的故事，他也是从一名打工者开始自己事业的。

在李嘉诚 14 岁的时候，他父亲去世了，他决定挑起家庭生活的重担。但是由于年龄太小，找到一份工作很难，经过很长一段时间的努力奔波，他终于找到了一份在茶楼跑堂的工作，这是他人生中的第一份工作。他知道只有把这份工作当做自己的事业去做，才可能学到更多的东西和得到更多的回报。他每天工作得很勤奋，表现也非常地出色，很快就成为茶楼里最勤快的伙计。因为在茶楼里经常接触各色各样的生意人，他们经常坐在一起谈论生意上的事情，而李嘉诚一边打工一边听这些人的谈话，这为他日后发展事业积累了一份宝贵的人生经验。

如果自己只把自己定位成一个打工者，那么在工作中就缺乏了激情和动力，在工作中也学不到很多有益于自己发展的宝贵经验，最终也成就不了自己，一辈子只能是一个打工者；而那些把企业当成是自己的，把工作当成是自己奋斗追求的事业的人，不仅学到了知识、经验和技能，更重要的是成就了自己的辉煌。

所以，若想真正从工作中获得快乐，我们就该把工作当做是一种事业，而不是当做一种刻板、单调的苦差事。其实，在日常工作中，每一件事都值得我们去做。不要小看自己所做的每一件事，即便是最普通、最简单的事，也应该积极主动、全力以赴、尽职尽责地去完成。小任务的顺利完成，有利于你对大任务的成功把握，进而一步一个脚印地向上攀登，最后走向成功的彼岸。

职场箴言

今天的成就归功于昨天一点一滴的积累，而明天的成功则依靠今天脚踏实地的努力，如果一个人愿意像经营自己的事业一样来经营自己的工作，那么成功也就近在咫尺了。

让失败成为你的财富

有这样一个故事。

有一个步行的人，因为路不平而摔了一跤，他爬了起来，可是没走几步又摔了一跤，于是他便趴在地上不再起来了。有人问他："你怎么不爬起来继续走呢？"那人说："既然爬起来还会跌倒，我干嘛还要起来，不如就这样趴着，就不会再被摔了。"这样的人，你一定认为他是一个可笑的人，因为他被摔怕了，所以不敢再起来继续往前走，因而他也就永远无法到达他的目的地。

其实，当你开始干一件事的时候，失败可能随时伴随着你。如果你害怕失败，那么你就将一事无成。任何工作都是如此，只有在失败中你才能真正学到本领。想长大成人，想超过别人，那么就必须记住："失败是成功之母！"

你肯定见过一种叫做"不倒翁"的玩具，"不倒翁"的重心在下面，所以无论你怎么推它、捅它，只要一松手，它立刻又会直立起来，因此，它永远都不会趴下。人生正是这样，由于不断地经受磨难，人才能变得更坚强。你从失败中学到的东西，远比你从成功的经验中学到的东西要多得多。

1988 年，一个年轻人大学毕业了，他来到父亲创办的企业里工作。父亲一心想把儿子培养成自己的接班人，但是事与愿违，父亲带着儿子干了 10 年，儿子却十分平庸。1998 年，在留下了几百万元家产后，父亲带着期盼的眼神死去。两年以后，儿子含泪向法院申请了破产，从此，他开始了打工生涯，在经过这次挫折之后，他学会了思考。后来他接手了一家摇摇欲坠的企业，使企业起死回生。这个企业现在叫香港豪帝集团，比他父亲的那个企业更有名。那个年轻人叫周卫，是豪帝集团的总裁。

可见，要想成功，就要经得起失败和挫折。每个人必须经历蹒跚学步才能走出优美的步伐，同样，每个人必须经历无数次挫折才能成功。一个不能认识和接受挫折的人，就无法看清楚成功的本质。

日本著名的实业家原安三郎这样说："年轻时赚一百万的经验，并不能称为将来赚十亿元的经验，但损失一百万的经验，倒可以培养赚十亿元的经验。逆境是锻炼人才最好的机会。"所以，失败磨炼人的意志，坚强的意志使强者战胜了失败而获得成功。任何工作都是如此，只有在失败中你才能学到真正的本领，才能为自己以后的职业生涯铺平道路。

上世纪60年代初期，美国人玛丽·凯把一辈子积蓄下来的5000美元作为全部资本，创办了玛丽·凯化妆品公司。在创建公司后的第一次展销会上，玛丽隆重推出了一系列功效奇特的护肤品。本以为这次活动会引起轰动，结果整个展销会下来，她的公司只卖出去1.5美元的护肤品，意想不到的残酷失败使玛丽·凯控制不住而失声痛哭。经过认真分析，玛丽擦干眼泪，从第一次失败中站了起来，在重视生产管理的同时，加强了销售队伍的建设。经过20年的苦心经营，玛丽·凯化妆品公司由初创时的雇员9人发展到现在的5千多人；由一个家庭公司发展成一个国际性的公司，年销售额超过3亿美元。玛丽·凯终于实现了自己的梦想。

成功总是在历经多次挫折后才姗姗来迟。正确面对挫折，是一个人走向成功的重要素质和能力。那些越挫越勇、屡败屡战的人才是真正的英雄，才能真正享受到成功的喜悦。

可以肯定地说，没有人喜欢失败，因为失败大多是一些令人痛苦的经历，甚至是让你的人生受到重创的体验。然而，无论是什么人，一生顺利且从未尝过失败滋味的人，估计是不存在的。不管你有多伟大，多么不同凡响，只要你是一个人，只要你是一步一步地走着人生之路，那么你就或多或少地经历过失败，只不过是轻重程度不同而已。

人们常说失败和成功是一对孪生兄弟，失败是成功之母，可见失败是我们人生中的必修课。成功往往青睐失败过的人，成功是失败的恩赐，不断地从失败中走出的人要比从成功中走出的人辉煌得多。

职场箴言

"失败是成功之母"，"不经历风雨，怎能见彩虹"，当失败降临的时候，我们要勇敢地去面对，从失败中找出原因，继续为目标奋斗，而不是从此一蹶不振。

想别人想不到的，做别人做不到的

一个企业如果在运营的过程中有一个很小的环节出现差错，都有可能导致整个企业的崩溃，所以企业要想在竞争中胜出，就必须拥有自己的优势，想别人想不到的事，算别人算不清的账，做别人做不到的事。只有以小事为突破口，在细节处下工夫，在别人没有注意到的地方做文章，你才能有与别人竞争的优势。

王小姐是一家大型公司的顶尖业务员，为公司创造了近千万元的营业额，她之所以这么成功，是因为她经常注意到被对手忽略的事情。

有一次，王小姐通过朋友的介绍认识了某大企业的董事长。通常人们都会认为，大企业的董事长一定很傲慢，所以要见他，必须要耐心地等待，等到哪一天董事长有空闲时才能见到他的面。

王小姐也明白这个道理，她细心观察这位董事长平日的动向及消息，终于功夫不负有心人，她发现一件事：这位董事长非常尊敬长辈。

于是，王小姐来到这位董事长的家进行拜访，正好董事长有事外出，家里只剩下董事长的母亲。如果换成是别人，发现董事长不在家就会马上离开，再等待机会。但是王小姐没有这么做，她留在董事长家里与其母亲聊天，而且两个人聊得非常投缘。王小姐抓住这种好机会，经常抽时间去董事长家里与其母亲聊天拉家常，老人家也非常喜欢王小姐。

过了一段时间，王小姐因为业务忙，到董事长家的时间少了。董事长的母亲对董事长说："我很想念那位王小姐，你叫她来我们家好不好？"

孝顺的董事长立刻拨电话给王小姐，而王小姐因为得到董事长妈妈的喜爱，进而受到了董事长的信任，业务也就得以顺利开展。

这个故事告诉我们：如果你想成功，就去想别人想不到的事情，如果你发现了机遇，就千万别让它轻易地溜走。

海尔集团总裁张瑞敏说了一席很有新意的话，他说："别人想不到的事，海尔人必须做得到，这就叫创造市场。我们的目的不是挤进去分现成的蛋糕，而是要做出一块新的蛋糕，甚至可以独自享用。"

所以，一个企业只有做到"别人想不到，我却做得到"，别出心裁地拿出"与众不同"的营销高招，才能出奇制胜、赢得先机，从而使一个个潜在顾客变为现实顾客，在别人尚未想到的地方闯出新天地。

日本一家公司的领导发现员工一个个面色憔悴，经咨询多方专家后，他们在公司后院中用圆滑光润的800个小石子铺成一条石子小道，每天上午和下午分别抽出15分钟时间，让员工脱掉鞋子在石子小道上随意行走散步。起初员工们觉得很好笑，但时间一久，人们便发现了它的好处，原来这种物理疗法能起到一种按摩的作用。

有一个年轻人看到这则故事后，便请专业人士指点，选取了一种略带弹性的塑胶垫，将其截成长方形，然后带着它回到老家。老家的小河滩上全是光洁漂亮的小石子，在石料厂将这些拣选好的小石子一分为二，一粒粒稀疏有致地粘满胶垫，待干透后，他先上去反复试验感觉，反复修改了好几次后，确定了样品，然后就在家乡批量生产。产品生产出来后，他便尽快将产品鉴定书等手续一应办齐，然后在一周之内就把能代销的商店全部上了货。随后的半个月内，他每天都派人去做免费推介员。

商店的代销稳定后，他又开拓了一项上门服务：为大型公司在后院中铺设石子小道；为幼儿园、小学在操场边铺设石子乐园；为家庭装铺室内石子过道、石子浴室地板、石子健身阳台等。紧接着，他又将单一的石子变换为多种多样的材料，如七彩的塑料、珍贵的玉石，以满足不同大众的需求。

结果，800粒小石子就此铺就了一个人的成功之路。因此，人人都需要创新，人人都能创新。你现在需要做的就是不断地去激发自己的创新能力，多一些想法，多一些创造，那么成功迟早会来临。

一个没有创新能力的人是可悲的人，一个没有创新意识的人是缺少希望的人。一个人若想改变当前的境遇，必须不断创新。不要担心自己没有创新能力，慧能和尚说："下下人有上上智。"创新能力与其他能力一样，是可以通过教育、训练而激发出来并在实践中不断得到提高的。创新并不是少数天才的专利，每个人都拥有创新的能力，只是看你自己愿不愿意。

在工作中，那些因循守旧、缺少创新精神的员工，一味地认为创新是老板的事情，与自己无关，而自己只是做好分内的事情即可。显然，这种员工只能一辈子在自己的工作岗位上默默无闻，很难有多大的起色。

职场箴言

成功者总是走在别人前面。有时候，你比别人多想一点，比别人多做一些，就能看到别人看不到的机会。只要你敢想别人所不敢想的，做别人不敢做的，加上你有不断创新的能力，那还等什么？企业正需要你这样的人才。

第十章
永远把客户放在第一位

顾客是商品和服务的消费者，是企业赖以生存和发展的衣食父母，是企业创造最大效益的根本来源，只有取得了顾客的信任与支持，企业才能够在竞争激烈的市场经济中立足。所以，不论何时，企业都必须把消费者的利益放在首要的位置，时刻倾听客户的声音，用最好的服务态度满足顾客的需求，从而实现利润的增长。

用心感激每一位客户

沃尔玛创始人山姆·沃尔顿曾说："老板只有一个，那就是客户。上至公司总裁，下至公司员工，客户都有权开除他——只要把钱花到我们的竞争对手那里就可以了。"人们常说，"顾客是上帝"、"顾客永远是对的"，这无一不说明客户对我们的重要性。在工作中，我们只有满足了客户的要求，客户才有可能选择我们的产品和服务，我们的薪水才有保障，我们也才会取得个人的发展和进步。所以，当你赢得了顾客之后，一定要对客户表示感激，是他们给了企业生存和发展的机会。

顾客是企业的一种无形资产，虽然他们没有像员工一样在企业生产过程中做了巨大的贡献，但是，企业生产出来的产品终究要进入市场上流通，顾客愿意购买我们提供的产品或者服务，那就是对我们企业的信任，从而实现为公司创造效益的目的。因此，对待我们的顾客就要像对待我们的财富一样。

小王和小李分别是两个家电厂家的业务人员，小王所在企业的产品知名度要比小李大得多，受到客户喜爱，但是小王和小李在客户面前得到的待遇却不同于自己的产品。这是为什么呢？原因很简单,小王每次带给客户的问题几乎都是雷同的,要么催款,要么埋怨产品销得不好,要么指责商场老板不配合厂家的思路,要么数落商场的终端形象不够完美。而对于客户提出的问题,则不愿及时解决。总之,他要么指责埋怨,要么忽悠欺骗,要么和客户吹拉弹唱,在客户眼中,该业务员除了能为自己争取一些政策外,简直就是一个小混混。而小李呢?他每次带给客户的都是不同的问题,要么提出一些卖场布置方案,要么策划一些活动方案,要么主动给予一些政策支持,要么提供一些员工管理方案或制度,要么交流一些家电、竞争信息,在客户的眼中,小李就是自己的朋友、自己的员工,丝毫没有立场、身份的差别。由于他和商场的关系好,小李的产品自然得到了客户的主推,受到客户欢迎。

客户的信任是体现自己价值的最好方式,是他们给了我们最基本的信任和尊严。但是在现实社会中,许多企业在对待自己客户的态度上,前后完全是判若两人的做法。在没有赢得客户的时候,他们尽可能地表现出对客户的重视和热情,努力争取他们成为自己的客户。但是,当真正成为自己的客户之后,就对客户不闻不问,对客户的不满和抱怨置之不理,甚至还恶语相向。

其实,当我们面对客户的时候,不妨学着换位思考一下。作为一个顾客,当遇到很好的服务态度的时候,心里一定会感到很温暖,感觉自己的要求得到了别人的尊重和重视,就会从心底感激我们。如果一名员工能够真正做到"顾客至上",那么他很快就会得到顾客的肯定和认可。

当今企业之间的竞争很大程度上就是对顾客的竞争,所以在保证产品质量的同时,一定要把顾客的利益放在第一位,争取尽自己最大的可能满足每一位客户,感激每一位客户对我们的理解和支持。

无论客户对我们做了什么,终归是对我们的一份关注和一次选择,不管结果如何,我们都要心怀感恩,因为客户就是上帝。客户的批评和抱怨,会让我们走近成功,而客户的支持和选择,则昭示着我们已经获得了成功。所以,优秀的员工要对客户心怀感恩,用实际行动去打动客户的心,这样的话,企业和我们才有机会走向成功。

职场箴言

不要把顾客的请求当做一种麻烦，无论你多忙，都要先服务好你的顾客。服务顾客的时候，你不应该找借口，因为顾客才是你真正的老板，是真正为你的工作支付薪水的人。所以，无论客户对我们做了什么，我们都有足够的理由去感激他们。

满足客户的需求

顾客的需求不是永恒的、固定的，而是每时每刻都在发生变化。顾客不会主动跑上门去告诉你，他们需要什么，或今天需要什么，明天又需要什么。所以，员工应该主动地去了解顾客，去与顾客沟通。曾听到一个公司的经理和员工这样对话。

经理对员工说："外面顾客对我们公司开发的多媒体培训教程很不满意，认为它与他们现在所需的无关，我一直都在关注这事。"

员工说："我们的产品质量好，价格便宜，你还担心啥？"

经理说："产品质量好、价格便宜有什么用？关键是我们造出的并不是顾客真正想要的东西。依我看，主要是我们没有去了解顾客真止需要的东西，没有与他们定期进行沟通交流，我们是盲日地在公司里闭门造车。现在我们的产品全部卖不出去，这次我们亏大了。"

有些员工不去倾听客户的声音，不与客户沟通，也不去了解客户需要什么，只是凭自己的感觉去设计制造产品。结果生产出来的产品根本无人问津，造成产品大量积压，最终不得不降价销售或销毁，给公司造成巨大损失，甚至使公司倒闭破产。

比尔·盖茨经常说："客户需要什么样的产品，我们就给他提供什么样的产品。"因为现在的顾客都非常实际，他们都只购买自己需要的东西，而对于那些自己不需要的东西，哪怕质量再好，价格再便宜，也不能令他们心动。谁都明白，花钱购买那些自己不需要的产品是一种浪费钱财的行为。

对于企业来说，价格似乎是吸引顾客最有效的方法，但事实上，用低价吸引顾客的策略容易使企业陷入"微利的陷阱"。相比之下，满足顾客的需求比低廉的价格更有效。满足客户的需求不是一句空话，需要企业付诸行动去落实，只有真正满足了客户的需求，产品才能更快更好地被市场所接受，而一个真正能满足客户需求的销售人员，才是优秀的销售员。

刘昆是一家百货公司的团购经理，每次接到业务之后，他总会努力去发掘客户的根本需求，然后尽最大力量地给予客户满足，赢得交易的成功。

一天，刘昆收到了大学老同学王朝的一份电子邮件。在邮件里，王朝告诉刘昆说他现在已经换了一家公司，在一家化妆品公司任市场部经理。公司通过加盟连锁方式，在众多城市设立了省级代理和办事处，零售点数量接近800家。公司最近筹划了一个为期3个月的以"美丽自己，美丽家人"为主题的全国促销活动，凡购买该公司化妆品累计消费达到500元，就能获赠微波炉1台。关于微波炉的事情，他想请刘昆帮助他解决一下。看完邮件以后，刘昆还美滋滋地回忆了一遍上次与王朝的合作：成交1万盏台灯，从供应商那里取货后，直接让司机转到王朝企业的成品仓库。交易的过程非常简单，但是利润丰厚……

后来王朝又打来电话，说要到北京出差一段时间，如果刘昆觉得微波炉的交易难度不是很大的话，他就立即向公司汇报由刘昆来处理这批货物。刘昆当然欣然答应了，但是当他放下电话之后，忽然感觉还有什么地方没有做到位，王朝并没有告诉他货物的数量。他谨慎地再看了一遍邮件：全国举行，为期3个月；化妆品的单价这么高，达到500元的消费额就可以获赠，那得需要多少台微波炉？要满足这次促销，王朝公司的采购数量是相当巨大的。刘昆不想辜负老同学的拜托，也不愿意在和化妆品公司洽谈时还没有做好准备工作。于是,他根据多年经验对该公司的需求量进行了估计,假设每个零售点每月需求 20 台微波炉,那么该公司的需求量将接近 5000 台。刘昆需要先了解清楚的是能否在合约期内保证货源的供应,另外的问题是仓储,该化妆品公司是一家制造外包的公司,不一定拥有仓库,刘昆必须充分考虑到这一点。

随即,刘昆安排业务员提前与熟悉的电器厂家联系,询问货源是否充足、提货需多长时间、一次购买 3000 台包含运费的价位、一次购买 1 万台的价位。刘昆得到的答复是货源充足,可以随到随提货。另外,厂家最近重点推广电脑控制的微波炉,老式的机械式微波炉价格目前比较低廉。

为了避免该公司一旦真的没有仓库存放货物的尴尬问题,刘昆必须提前找到备用仓库。

当一切事宜准备好后,刘昆来到该化妆品公司,最终确认交易数量是 6800 台微波炉。该公司自己都没有想到货物存放问题,刘昆却替客户想到了,并提前准备好了。刘昆轻松地得到了这笔交易,还因此成了该化妆品公司的签约供应商。

通过这个事例可以看到:刘昆并不是通过低廉的价格,而是通过更好地满足客户的需求赢得了生意。所以,在我们遇到不同的客户时,不妨多想一想,我们除了能够为他们提供优质的服务和产品之外,是否还能够帮助他们提供一些更有用、更超前的服务,这样的帮助一定能够赢得顾客对我们的肯定。所以,在竞争激烈的今天,如果能够向客户提供更多的附加利益,则更容易打动客户。

职场箴言

时刻倾听客户的声音,不仅要了解客户的需求,更要懂得如何最好地满足客户的需求。

怎样与愤怒的客户交流

很多客服经理都会有这样的感受，客户在投诉时会表现出情绪激动、愤怒，甚至对你破口大骂。此时你要明白，这实际上是一种发泄，客户忧郁或不快的心情便得到释放和缓解，从而维持了心理平衡。客户此时最希望得到的是同情、尊重和重视，因此你应立即向其表示道歉，并采取相应的措施。

要成功地处理客户投诉，先要找到最合适的方式与客户进行交流。以下的几个建议，能让你使客户的情绪逐步平复下来，并和你达成一致。

1.从倾听开始

倾听是解决问题的前提。在倾听客户投诉的时候，不但要听他表达的内容，还要注意他的语调与音量，这有助于了解客户语言背后的内在情绪。同时，要通过解释与澄清，确保你真正了解客户的问题。认真倾听客户投诉，向客户解释他所表达的意思并请教客户我们的理解是否正确，都是在向客户表明你的真诚和对他的尊重，同时，这也给客户一个重申他没有表达清晰意图的机会。

2.认同客户的感受

客户在投诉时会表现出烦恼、失望、泄气、愤怒等各种情感，你不应当把这些表现理解成是对你个人的不满，要知道愤怒的情感通常都会潜意识中通过一个载体来发泄。你一脚踩在石头上，会对石头发火，飞起一脚踢远它，尽管这不是石头的错。因此，客户仅仅是把你当成了发泄对象而已。无论客户是否永远是对的，至少在客户的世界里，他的情绪与要求是真实的，只有与客户的想法同步，才有可能真正了解他的问题，找到最合适的方式与他交流，从而为成功处理投诉奠定基础。

3.寻找共同点

你需要找一个双方都认同的观点，比如说："我有一个建议，您是否愿意听一下？"这么做是为了让他认同你的提议，而这个提议是中立的。所以，要多问一下对方的想法，只有当对方描述他的想法的时候，我们才能真正确定，才可能达成双方都接受的解决方案。

4.多问几个为什么

通常你在问对方问题时，对方总是会有答案的。如果你问他们为什么，他们就会把准备好的答案告诉你。但是，只有你沿着这个答案再次逐项地追问下去，他们才会告诉你真正的原因，你才会有去满足客户"需要"的方案。最好的探询方式是多问几个"为什么"。

5.感谢

感谢比道歉更加重要，感谢他告诉给你他的问题，以便你更好地为他服务；感谢他指出你的问题，帮助你改进工作；感谢他打电话来，你觉得和他沟通很愉快。客户的抱怨往往起源于我们的失误，客户的愤怒往往起源于我们的冷漠和推诿，所以你真诚的感谢会让他的情绪很快得到平复。

6.适当地给客户一些补偿

为弥补公司操作中的一些失误，你可以在解决问题之外，给客户一些额外补偿。但要注意的是：将问题解决后，一定要改进工作，以避免今后发生类似的问题。

职场箴言

面对前来投诉的客户，你要同情、尊重和重视客户，并用你的真诚来赢得客户的尊重。

超越客户的期待

随着21世纪的到来，全球化贸易流通速度越来越快，限制越来越少，这让企业面临更大的压力。科技进步、信息发达使得各个行业之间的技术及产品的差异越来越小，那些稍有发展前景的产业就会引来无数的新厂家来争取这块大肥肉，但毕竟肉少人多，在这种情况下，谁在竞争中取得了主动权，谁无疑就是赢家。那么，谁才是决定一个企业生存与发展的主动权呢？答案是顾客。

客户的期望值在不断升级，只有不断超越客户期望，才能感动客户，才有不断的客户源。所以，厂家与其不断地用投机性的眼光改变策略，还不如以人性化的一面为顾客提供超乎其期待的服务。

那么，什么是超越客户期待呢？我们可以通过一个例子来理解：中国银行在杭州的一个分行，其大堂吧台内不仅提供冷热饮料，还有上好的红酒供客户品尝，这无疑超越了客户的期待。所以，所谓的超越客户的期待，也就是为顾客提供比他们所期望的还要好的优质的产品和服务。只有产品的质量有保证了，服务周到了，顾客才能对你的企业和产品放心和信任。

现在消费市场与过去不同了，人们在购买产品的时候，更多的是对服务的需求，如果你服务做得不好，那么你的产品再优质，顾客也不愿意购买。毕竟在这个时代，为了争取顾客，产品与产品之间的性能和质量上已经相差无几了，永远也不要担心顾客找不到厂家为其提供的产品。所以，优质的服务已经成为企业争取客户的重要保障。

有一家非常有名的货运公司，承诺将在第二天上午10点前把包裹送到客户手中，于是该公司经常会赶到9点或者9点半将包裹送到客户手中；一个公司的售后服务部门答应在上午10点将客户的电视机送到家中，可是该部门的工作人员在上午8点的时候就让顾客看上了电视节目，除此之外，他们还免去了一些需要客户交付的费用。

可见，只要企业超越了顾客的期待，自然就赢得了顾客的心。为顾客提供优质的服务，不仅可以维系好企业与顾客的关系，还可以增加企业的营业额。优质的服务会在顾客的心中留下长久的记忆，并且可以通过人们的口碑成为名牌。

超越客户期待的手段就是营造产品和服务的附加价值。企业不要把超越客户的期待看成是一个追求潮流或是提升公司形象的方法，而是应该将它视为企业的经营理念及使命，融入到企业的文化、经营策略以及政策当中。

职场箴言

服务质量差会造成无法挽回的损失，服务一般化造成的结果也一样。而服务优良则意味着将获得更多的利润、更多的乐趣和更大的发展，可以创造更美好的未来。

从顾客的角度看问题

在买卖的过程中，当卖者和买者双方发生了利益冲突时，作为销售者一定要多一些换位思考，站在顾客的立场上考虑他们真正的需求。销售中多些换位思考，站在对方的立场上考虑他们真正的需求，说些他们想听的建议，而不是一厢情愿地硬向顾客兜售产品。如果你只是考虑自己的利益，而不是站在客户的立场上去为客户着想的话，生意一定做不长久。

张先生是某家食品机械企业产品开发部的销售人员。一天，他到一家食品企业去推销新研发的产品，该公司负责人领他到车间去参观，指着一台落满尘土的新式产品包装机械对他说："看看，我这套系统买了快两年了，只用过一次系统就出了毛病，开发商联系不到，五万块钱就这么泡汤了。你们这些开发商卖给我们东西时讲得很好，事后就撒手不管，根本谈不上什么售后服务，说什么高科技，压根就是骗人，包装出来的产品20%都不合格。你不用介绍了，我们决不会再上第二次当。"说完，对方鄙夷地瞥了张先生一眼，说声"请走吧。"

张先生并没有马上去辩解，而是选择了一个合适的时间，把公司现有的一些客户对产品的使用情况做了一个简单的附表，拿给这家企业的负责人。这些客户大都是行业内的知名企业，张先生又具体介绍了公司的售后服务条款，为了进一步取得客户信任，张先生还答应客户可以免费试用一个月，如果出现产品问题则随叫随到。最后，客户终于被张先生的诚心打动了。

同样是销售人员，为什么有的人像张先生一样能够成功地推销出自己的商品，而有些人却不能呢？关键在于他用心去研究顾客的心理，照顾了顾客的需求，并且研究如何去满足顾客的需要。他只是比别人多做了一点点，却收到了比别人多很多的价值。

要学会像顾客那样思考，仅仅考虑怎样和顾客打交道，怎样给他们带来利益，怎样服务于他们，这是不够的，我们还必须考虑，我们的顾客怎样和他们的顾客打交道，怎样给他们的顾客带来收益、提供服务。只有这样，我们才真正开始以顾客的眼光来看待自己，才能明白我们向市场提供的产品和服务，会对我们的顾客群产生怎样的影响，以及带去什么样的价值。

所以，一个企业要想生存并发展，就一定要有超值的产品让顾客愿意为之捧场的理由，只有把利益给予别人，把服务做周到，才能塑造出企业的独特魅力，赢得顾客的心。

职场箴言

凡事都有对立的两面，都有发生利益冲突的时候，但只要把自己的心放得宽阔一点，设身处地地站在别人的角度去考虑问题，有很多尖锐的矛盾都会化干戈为玉帛。

为客户留下最好的职业形象

任何一个企业要想在商海中林立，并占有一席之地，就得在这个大市场中拥有自己的客户，并不断地挖掘潜在的客户。可以说，客户是企业的衣食父母，如果失去了客户这个坚强的后盾，那么企业也就得退出历史的舞台了。当与客户进行沟通交易的时候，企业员工的职业形象就成为了抓紧客户的武器，包括员工的仪表、服饰、言谈举止等等。那么怎样才能给客户留下良好的职业形象呢？

要想为客户留下一个良好的职业形象，首先就要从小事做起，看似那些微不足道的小细节也许就决定着你成败的关键。现在，国内的许多企业对公司和员工的形象问题越来越重视，因为职业人最大的特点就是成熟、稳重、大方，只有这样，才能给客户留下一个良好的职业形象。

所以，员工穿衣时一定要注意衣服穿着是否搭配、适宜，这样才不会拉开与客户的距离，有利于进一步的接触。另一方面就是精神状态要积极，不要在面对客户时精神萎靡不振、心不在焉，这样就会给客户留下没有诚意的感觉，从而不愿意继续合作。除此之外，在与客户交谈的时候一定要落落大方、不卑不亢、彬彬有礼，不要因为客户是什么企业的高层而心里恐慌，那样将给客户留下不自信的感觉，无法取得客户对自己的信任。

芊芊是一个大宾馆的前台接待人员。在前年的冬天，有一个英国的旅游团来北京旅游，杰尔先生是旅游团中的一员。在旅游团入住宾馆的那一天晚上，正好是芊芊值班。大概在晚上 11 点的时候，当芊芊正要与其他同事进行换班的时候，突然接到了杰尔先生的求助电话，说自己病得很厉害，还伴有高烧的症状。

芊芊和大堂经理一起赶到杰尔的房间。打开房门之后，果然看见杰尔难受地躺在床上，脸色煞白。大堂经理决定立即送杰尔去医院治疗，但是因为自己值班走不开而有些为难，这时芊芊自告奋勇，说自己反正已经下班了，就陪着杰尔去医院吧。就这样，芊芊在夜里12点陪着杰尔去了医院。医生确诊杰尔患了急性盲肠炎，芊芊一直等到护士给杰尔先生插上了点滴吊瓶后，才悄悄离开。

第二天一大早，本来是芊芊休息，但芊芊提着妈妈煮的白米粥，到医院病房去看望杰尔先生了。这样大概过了三天，杰尔出院了。

大约一周后，杰尔先生临走前拿了一笔数目不小的“小费”答谢芊芊的照顾，但被芊芊拒绝了，她说：“宾馆有规定，我不能接受顾客的任何礼物，再说您是我们的客人，让您满意是我们的工作原则，我所做的也正是我工作的一部分，没有什么特别的，换了其他的宾客，我也会这样做。”杰尔很无奈，他和芊芊互留了联系地址就告别了。走时杰尔表示，自己以后还要来北京，来北京时还要住他们的酒店。

杰尔回到英国后继续和芊芊保持着通信交流，芊芊也为可以利用这样的机会训练自己的英语而高兴。在一次通信中，杰尔鼓励芊芊多学习，并坚信芊芊在职业上会有很好的发展。芊芊表示，自己也有想去国外读书的想法，但是一来自己的经济能力有限，二来自己就是个职高文凭，申请国外院校很难。在知道芊芊有留学的想法后，杰尔开始竭尽全力来帮助芊芊，在他的担保和促动下，芊芊去了英国，现在在那里学习现代酒店管理专业。

企业中的每一个员工都是公司的门面，都代表着公司的形象。芊芊的行动不仅为顾客留下了良好的职业形象，为宾馆拉到了忠实的客户，同时也为自己的发展提供了机会，帮助自己实现了梦想。

职场箴言

每一个员工都代表着公司的形象，为了给客户留下良好的职业印象，就要从自己的穿着、礼仪、言行等方面入手。

让顾客为你做广告

企业要想让自己的产品在市场上赢得知名度,做广告大力地宣传是必不可少的环节，只要投入大量的资金进行密集型广告轰炸,在短期内就可以收到很好的效果。但是让大多数消费者购买一个新产品或者是一个没有听说过的品牌,恐怕还是很难的。因为大家的心里都有疑惑和不信任感,提心万一买回家之后,并不是广告中宣传的那样好怎么办？并不是自己期望的那样怎么办？

所以,这就需要企业能够为消费者提供周到、优质、完善的服务,通过这些来打动消费者。当消费市场被打开一个小口的时候,并且产品的服务和质量又超出了他们的期望,那么离产品全面打入消费市场,赢得消费者好口碑的时间也就不远了。

顾客是企业生存和发展的支柱,如果顾客不存在了,那么企业也就不存在了。所以企业一定要维系好与顾客之间的良好关系,他们不仅会为产品起到宣传的作用,同时也让企业和产品的知名度快速的提高。

一个企业只有把顾客当做企业的人,把顾客当做自己拥有的资产,企业才有生存的希望,才能在竞争中不断地发展壮大。

有一个来自海尔集团的故事：福州一位海尔用户给青岛海尔总部打来电话，希望海尔能在半个月之内派人来福州修好他家的冰箱。

令这位消费者没有想到的是,维修人员第二天就赶到福州这位客户家里,用户有点不敢相信,经过询问才知道维修人员是连夜乘飞机赶到福州的。用户被感动了,他在维修单上写下这样真挚的话,“我要告诉所有的人,我买的是海尔冰箱。”

如果单纯地从企业的利益角度来看，乘飞机去修冰箱，企业吃亏将很大，因为来回的路费与那台冰箱的价格相差无几，真有点得不偿失；但是从企业的形象来看，赢得顾客的好口碑的价值远远要多于那些路费，这样可以为企业带来潜在的客户资源。这就是海尔成功的因素之一。

所以，在这个社会中，一个企业做多少广告并不重要，重要的是顾客能够为你做多少广告。"顾客是上帝"并不是一句空口号，而是一句能为企业带来效益的黄金信条。企业用最优质的服务和过硬的产品质量征服消费者，发掘潜在消费者，尊重你的顾客，要比花巨额的资金做广告宣传好上成千上万倍，你为顾客想得越多，他们回报你的就越多。

职场箴言

"顾客是上帝"并不是一句空口号，而是一句能为企业带来效益的黄金信条。企业员工要用最优质的服务和过硬的产品质量去征服消费者，发掘潜在消费者。